U0928381

理财学

王宇◎编著

ZHEJIANG UNIVERSITY PRESS
浙江大学出版社

月入300的小资理财生活

居于深圳，生存不易，但是我全力开动了自己的脑瓜，月收入300元便过上了优雅的小资生活。

在深圳，有许多十元店。我与店主关系比较好，得到了VIP才可拥有的优惠，不需打扫房间，能免费冲凉，与同道中人合租一床，每月每人90元足矣。

早餐可选择工业区，一盒炒面只需1元，量足、油大，里面还有蔬菜配搭，每月仅需30元。午饭本着吃好、吃饱的原则，工业区有多种选择，2元、2.5元、3元几种。身为小资一员，一定要选择吃3元钱的高档盒饭，三菜一汤，可自己加米饭，吃饱为止。如此每月共90元。晚餐买五毛钱两袋的榨菜，切记要买低盐那种。小资，一定要将饮食健康放在第一位，吃出毛病，那就得不偿失了。

小资要少抽烟，抽多了MM们会不喜欢，所以，两天一包，2元钱一包的“羊城”或“梅州”是不错的选择。若想气派些，可在路边垃圾桶中捡个中华烟盒，把烟装进去。

精神生活是小资不可缺少的一部分，平日我总是到商场佯装买音响，在享受视听的同时，还可以享受店员的殷勤服务。

作为小资，必须要了解一些时事，深圳有许多公共阅报栏，上面有《深圳特区报》、《深圳商报》等不同报刊，定时更换。时尚的生活资讯、最新流行时尚、明星八卦新闻也不可不知，这些则可以通过泡书店获得。在浮躁的年代和浮华的城市，泡书店给别人一种卓尔不群的感觉。但是要切记，每次去不同的书店，否则极有可能受到“狗眼看人低”的不公正待遇。

手机我买了张10元神州行卡充值，只发短信，不到万不得已绝不接电话。

多数情况下深圳比较炎热，夏天我便买5元钱一件的T恤、8元钱一件的白衬衣、3元钱一条的清仓处理领带。内裤也需要节约使用，能不穿则不穿，小资需要讲究通风透气、生理卫生。袜子也省去，必要时可将脚涂黑。不必买墨水，去布吉河、沙河等洗一下，脚自然漂黑。

出门时我尽量步行，既环保又健身。尽量走在事故高发路段，如滨河路、北环、洪湖泥岗立交等，可一边欣赏路景，一边注意交通，一旦有事故发生，可立刻向报社报料领奖。若实在要坐公交，便坐不带空调的，人多时偷偷从后门上去浑水摸鱼。当然，比我更高一筹者也有，他们一般上车拿张废卡，刷卡时嘴里发出“滴”一声响，但需长期操练口技才可得心应口。

如此精打细算后，每月尚余 10 元钱，其中 5 元钱应急，5 元钱作为基金，留待以后结婚、买房、买车用。

其实，幸福生活只是一种感觉，它不取决于你收入的多寡，而取决于你内心的感受。一个成功的小资，总是可以充分运用智慧，不断创造奇迹，化腐朽为神奇，在有限的货币上营造出无限浪漫的人生。

《笑死你的理财学》告诉你不一样的理财观点。

《笑死你的理财学》让你在捧腹之余学到巧妙理财的观点。

《笑死你的理财学》，笑声中品味理财，理财中拥有笑声。

完美的理财计划、新颖的理财观点、搞笑的理财怪论、幽默的理财方法——一切尽在《笑死你的理财学》!

目录

Part1 理财需学问，不慎有风险

随着人们的口袋越来越鼓，各种各样的理财项目相继出炉。越来越多的人认为，会理财就是赚钱，选择理财项目就可以让自己的钱越生越多。然而，人们大多忽视了，理财也是一门学问，一旦稍有不慎，就会满盘皆输。

在现实生活中，大多数的人在刚开始理财时，都是抱着发财梦进去的，结果却是大多数的人像疯子一样结束了自己的发财梦。因此，理财并没有所谓的专家，理财时只有输家与赢家。在理财时，人们需要掌握一定的学问，才能够让自己在理财的道路上一帆风顺。

生活中，莫要放弃你的每一分钱

富人为什么会成为富人？是其一生下来就注定是富人吗，还是另有原因？穷人为什么会是穷人？是因为他生就一副穷人相吗，还是因为他不懂得如何把自己变成一个富人？答案肯定是否定的。富人并不是天生就有富人命，穷人也并非天生就是穷人相，只有通过后天的努力，才能够让穷人变富，富人变得更富。

财富都是通过一点一滴不断积累的，不要小看一分钱，因为大的财富都是一分一毛不断积累而来的。如果你想成为富人，那么就要珍惜你的每一分钱。

替你家省钱的小妙招

有人这样描绘白领,"白领"就是将每个月领来的工资统统花掉,也就是人们日常所说的"月光族"。虽然每个人都拿着很高的薪水,但是一个月能够剩下来的钱却寥寥无几。人们在大把大把花钱的同时,也失去了替自己积累财富的机会。

只有掌握了花钱的技巧,才能够不断为自己的人生积累更多的财富。否则,就会出现到老一场空的结局。

Part4

最安全、无公害的理财方式

在现实生活中，人们经常会把自己用不完的钱存到银行去。虽然利用银行储蓄进行财富积累很慢，但这种理财方式却是最安全的。不过，当储蓄达到一定量的时候，还需要定时帮助银行卡进行"减肥"，以达到理财的最佳效果。不要让自己的银行卡，吃得过胖、过重。

为生活增添保障?当然是保险了

一份保单,成就一个人一生的平安。随着生活水平越来越高,人们对自身的安全也越来越重视。很多人都会选择给自己或者家人买几份保险,以保证自己与家人的生活、利益得到保障。然而,保险的种类非常多,因此在购买保险时,需要先对其进行深入的了解。否则,保险也有可能不能保证你的利益,反而使你的利益失去保障!

Part6

造就百万富翁的途径？黄金、外汇首当其冲

有人说过：百万富翁都是黄金、外汇制造出来的。如果你想成为百万富翁，就请选择黄金、外汇。

黄金、外汇可以造就你的财富人生，也可以成为你的人生财富，在这方面的把握上还需要你个人的能力。

Part7

要找稳妥高效的理财，就找债券与期货

如果想要让自己高效、稳妥地理财，就需要精心寻找。这时，只需要债券与期货，就能够造就你高效、稳妥的理财方式。

理财需学问，不慎有风险

随着人们的口袋越来越鼓，各种各样的理财项目相继出炉。越来越多的人认为，会理财就是赚钱，选择理财项目就可以让自己的钱越生越多。然而，人们大多忽视了，理财也是一门学问，一旦稍有不慎，就会满盘皆输。

在现实生活中，大多数的人在刚开始理财时，都是抱着发财梦进去的，结果却是大多数的人像疯子一样结束了自己的发财梦。因此，理财并没有所谓的专家，理财时只有输家与赢家。在理财时，人们需要掌握一定的学问，才能够让自己在理财的道路上一帆风顺。

支票

进去的时候想发财，出来的时候想发疯

开心一刻

股市广告语：现在的股票啊，含跌量高，跌一天顶过去五天，实惠！一口气跌五天，不反弹。买了它啊，腰不酸了，腿不痛了，跳楼也有劲儿了！

股票投资有风险

任何事情都是相对的，有好的一面出现必定会有坏的一面降临。投资股票也一样，在给众多股民带来极大发展机遇的同时，其本身也存在着潜在的风险。

近十几年以来，我国股票市场得到了迅猛发展。然而，随着股市的不断发展，各种各样的问题也逐渐应运而生。譬如，股权结构存在着巨大的缺陷，"圈钱"的陷阱增多；股市过度投机，而机构投资者发育不良，致使泡沫现象严重，市盈率偏高，股价呈现大起大落的现象；各市场主体尤其是一些中介机构违规现象非常严重；上市公司良莠不齐，很多公司的业绩年年下滑；等等，股票市场弥漫着一层浓重的"迷雾"。

因近期股票大盘走熊，张强为股票的深度套牢而焦虑不安，他一连几个晚上都不能安然入睡。这不，心疼他的妻子替他请了心理医生，准备对他进行心理治疗。入夜，张强睡下后，妻子轻声细语地说道："老公，现在呀，你就想象着自己正坐在交易大厅里，而此时呢，大盘走势也极其平稳，你持有的股票一分钟涨一分钱，一分钟涨一分钱……很快，就会解套的。"妻子轻声重复着，张强的眼皮也逐渐合上了。可正当妻子为自己的

功劳而窃喜时，张强猛地一下坐了起来：“不对，如果一分钟涨一分钱，那么全天才涨两块四，离解套还差十块多呢！”

对股民来讲，恐怕没有一个不期盼自己的股票能够升值的，恐怕没有一个会大公无私地让自己的钱财打水漂。然而，在股票投资的道路上并非只有机遇的陪伴，同时还会有风险的跟随，这就使像张强一样的人，夜不能寐成为了一种可能。

股市中的风险无处不在，无时不有。总体而言，股票市场存在着较为明显的三种风险：

第一种，市场价格的波动风险。无论是在新兴的股票市场还是成熟的股票市场，股票的价格无不频繁地波动着，这是股票市场上的基本特征，亦是不可避免的普遍现象。

第二种，上市公司的经营风险。上市公司的经营业绩直接关系着股票价格的稳妥，但基于上市公司未来发展经营状况的不确定性，所以，股票投资难免会有些不可预见的风险所在。

第三种，国家宏观的政策风险。国家有关部门出台的一些经济调整政策和法规，虽然有些时候这些政策并非是针对股票市场的，但也会或多或少地对股票市场产生一定的影响。比如利率的调整、汇率体制的改革、产业政策或者是区域发展政策的变化；等等。

股票市场就像被绑了手脚一般，受到众多因素的制约与影响。因此，它暗藏着的巨大风险也是不言而喻的。这就难免会让有些股民“进去的时候想发财，出来的时候想发疯”。

如何规避股票投资风险

自古以来，中国就是一个高储蓄的国家，很多老百姓并没有专业的投资知识，只是摸着石头过河。这样，资金不仅不能有效地转换为资本实现大幅的增值，反而还会随着货币的贬值而造成财富的缩水。导致这种现象出现的原因，

就是人们过于盲目，不知道如何规避风险。

有一个老头，背了一麻袋的现金急匆匆地来到了证券营业部，他高声直呼要买股票，可当营业员问他要什么类型的股票时，那老头摇摇脑袋，说道："不知道，反正就是要买股票。"

由以上的笑话可以看出，人们对股票可谓满腔热情。然而，股票投资却是一项高风险并且高专业的工作，只有一腔投资热情是万万不可的，还必须掌握一定的规避风险的方法，这样才不至于在大风大浪的股市中受到伤害。所以，面对变幻莫测的股票市场，投资者必须具有一定的抗风险能力才行。

首先要求人们要具备一定的资金管理能力。在股市中，大凡取得巨大成功的投资者，大多数都是善于运用资金管理艺术的行家。他们懂得在判断失误后，凭借完善的资金管理使自己的资金少受损失或者不受损失。

其次，应具备一定的规避风险能力。在瞬息万变的市场环境和高速扩容的市场容量下，有最好的解套策略往往也比不上事先避免套牢的策略。因此，与其费尽心机地想着保本解套，还不如事先学习一些防止被套、规避风险的能力。股市风险不仅存在于熊市之中，也存在于牛市里。因此，投资者不能过于盲目乐观，更不能忘记风险的存在而盲目追高，要知道这样很容易遭遇亏损。

再次，应具备一定的解除风险的能力。当投资者处于一种被套的困境时，就要学会运用解套策略。解套策略分为主动性解套策略（包括斩仓、换股、做空、盘中T+0）和被动性解套策略（包括补仓和捂股）。此外，还应从心理上解除自己的恐慌和无奈。

最后，应具备一定的扭亏为盈能力。与解套策略相比，它是一种更高级别的投资能力。虽然，套牢原本是被动的，但是如果掌握了正确的方法，即可实现由被动向主动的转换。

股票投资市场上的风险是多重的，是不可确定的，但是如果可以防这些风险于未然，具备以上规避风险的能力，那么，相信持有巨股的你，一定会“进去的时候想发财，出来的时候也一定会发大财的”。

按揭就是将你身上的皮一层层揭掉

开心一刻

猪通过辛勤劳作好不容易有了50元的资本，于是，他兴冲冲地跑到老鼠开的钱庄存了下来。猪打算用这50元钱给自己建一个小窝，计划买地20元，搭窝30元。

王八是一个搞工程的，经过深思熟虑，他决定在猪身上找到一个挣钱的突破口。于是，便找来当投资顾问的狐狸、管地盘的狼和开钱庄的老鼠一同想办法。结果，王八从老鼠那里借出200元，其中用100元来买狼的地，用50元作为狐狸的咨询费，用3元给猪建了一个窝。

由于地被王八买走，猪买不到地，只好求王八把“窝”卖给他。王八非常高兴，一开口便要价500元。猪说：“不行，太贵了，俺口袋里只有50元。”狐狸说：“我的傻猪哥呀，你可以向老鼠借钱啊。”最后，老鼠答应借猪500元，并要求他连本带利还600元，可以分10年来还清，另外，还要拿上产权证做抵押，方可成交。

没办法，总不能老是露宿街头吧，猪狠了狠心，最后决定花600元来买窝。然而，这却比他原来的计划高出了11倍。

为了还清巨额的房贷，猪不分日夜地工作再工作。一天，猪的亲戚看到猪一天天憔悴了下来，便关切地问道：“猪大哥，你最近怎么了，身体不舒服啊？怎么瘦成这样了？”“唉，还不是为了有个能住的‘窝’吗？没法子呀！”猪疲劳地说道。

在这场交易中，王八、狼、老鼠、狐狸都不同程度地压榨着猪的血汗钱。

之后，他们就如法炮制。更多的猪为了生存都贷款买了房子。这时候，做商人的驴看到有机可乘，就先到老鼠那里贷了很多钱，然后又把王八盖的房子都买了下来，最后以更高的价格卖给了猪。

随着“窝价”越来越高，猪的还贷时间也越来越长，他们吃得越来越差，后来连小猪仔都不敢再生了。此时，狼觉得长此以往，肯定就会没猪肉可吃的，到时候非得饿死不可，于是开始调控计划，规定不让老鼠再往外贷款。但王八并没有停止他的盖房计划，依然把自己挣的钱和贷的钱全部投入生产。后来，驴手上的“猪窝”囤积得也越来越多，因卖不动而逐渐被套牢了。

最终，老鼠、王八和驴都挣了好多的猪窝，钱逐渐集中到了狼的手上。如今，大家都等着狼把钱拿出来活命呢！

按揭——按住你揭下很多层皮

在物欲横流的社会，在如今购房火热的时代，“按揭”早已成为大家耳熟能详的词儿了。一旦提起“按揭”，相信很多买房一族无不深感头大，无不感到压力迎面而来，无不深受痛苦的折磨。大家在“按揭”的巨大压力下，艰难地生存着，没有一丝喘气的机会可言。

要问当前最热点的话题是什么，想必“房产”肯定能够排在首位。毕竟人人都想有个家，都想有个栖身之地。然而，如果想要在一个大城市安身立足，就只有向房产伸手购买的份儿，可是巨大的费用并非一时半会儿就能凑齐和承担得了的。不过，没关系，为了卖出更多的房，房产商会很“大方”地把银行借用给你。换言之，就是让你先用银行的钱买房。可是，别人的钱又岂会轻易借给你呢？这时，就有了利息作为中间人来调节，有利可图了，银行就会乖乖地为你所用了。所以，为了买房，你不得不做好两手准备，一是还本钱，二是还利息。此时，恭喜你己经顺利进入了“按揭”的境地了。

贷款人：　曾经有一份真实的《房屋贷款合同书》摆放在我眼前，当时，我并没有去珍惜，后来，等罚息提高之后我后悔莫及，或许人世间最最最痛苦的事也莫过于此了。我就想呀，如果上天能够再给我一个机会，我肯定会对银行说三字：“我还钱。”如果非要在这份合同上签下一个期限的话，我希望它是一万年……

“购房热”已成为当今时代的一大主题，然而，随着房价的不断攀升，很多人却无辜地成为名副其实的“房奴”，大家平时舍不得吃，舍不得穿，唯一要舍得的就是定期向银行交付贷款。不过，没办法啊，谁让咱住着人家的房子呢？俗话说得好，“吃人家的嘴短，拿人家的手短”，一点也没错，很多购房者宁愿忍受着“他人”的宰割，忍受着“他人”的搜刮，以此换回房子的拥有权。

而这样，按揭就出现了，按揭顾名思义就是先按住你，再从你身上揭下一层又一层的皮来。这对于当今购房族来说是再形象不过的了。因为在“房产泡沫”盛行的时代，个人的实力毕竟是非常有限的，要想真正做个房主，真正成为有房人，就必须经历“任人揭皮”的过程，也就是每月必须让人“揭”下一层皮来，否则，将是很难实现美好的愿望的。

按揭计划应如何制订？

目前，越来越多的人加入了按揭买房的队伍中，大家学会了提前消费，学会了提前享受生活，学会了让美梦提前成真。然而，种种的提前，是否给我们带来了真正的乐趣，还真是难说。不过，有这样一个笑话，足以向我们证明，有时候，按揭买房还是有必要的。

从前，一个中国老太太辛辛苦苦地工作了一辈子，最后用自己辛苦攒了一生的钱买下了一套宽敞明亮的大房子，可就在她住进这里的第二年，便一命呜呼了。而一个美国老太太却在年轻的时候，通过按揭买下了房子，并且每月按照计划还清贷款，当自己老的时候，房子的钱也还清了。

两个老太太，虽然都经历了同样的一生，虽然都付出了艰辛的努力，但却有着不同的命运。一个提前享受了生活，一个却在劳苦中生活了一辈子。也许有些人会说，中国老太太实在是可怜，一生都为了房子而努力，但一生却没有住进好房子，而美国老太太却是享福一生。这从另一方面告诉我们采取按揭

付款并非一无是处，它可以让我们提早享受到生活的美好。

可此时或许有人会说："唉，提前买房子的主意倒是不错，但我们拿什么去应对银行高额的贷款呢？这不简直是逼着我们'犯法'吗？"一直以来，买房都是一个炙手可热的问题，它永远像一个大围城，大家围绕着它众说纷纭，感受不一。有些人认为"按揭"买房，多么好的事情啊；有些人对此却深恶痛绝。不过，到底房子还是"按揭"买下了，面对众多的按揭产品，不如探讨一下如何制订按揭计划更为实际，更为有效。

按揭买房，即借钱买房，摆在我们面前最首当其冲的问题便是：还得起！不能说自己没有一定的经济基础就考虑买房了，这样政府也是不允许的。因此，在购房前，我们不妨对自己做个压力测试。试想一下如果未来利率上调了，还能否支付得起？如果还贷了，是否会直接影响到自己的生活质量？

另外，既然是借钱，那么利息是不得不支付的。于是乎，许多人都会选择等本还款、双周供，从生活中节省利息。不过，这种方法并不能从根本上解决问题。显然，我们贷款是为了生活的更加美好，但如果一味地缩紧腰包来还贷，只会给自己增加更大的负担。所以，不妨试着把自己的还款额逐步增多，这样也会保持和我们的收入水平相一致哦。

当然，在我们周围，确实会有一些按揭产品在利率上做文章。譬如"气球贷"和"点按揭"等。但众所周知，天下并没有免费的午餐，因此，这就需要按揭者在作决策前必须细细思量。否则，会很容易陷入他人设计的陷阱之中。

光架势好是没有用的，咱们还要武器好。当今，越来越多的银行推出了存款和贷款业务挂钩的服务，这无疑是为我们这些想要按揭的穷人们提供了一个睡觉时需要的枕头。不过，抱枕头之前，不妨先为自己选择一下，哪个银行给的枕头更大，能让自己睡得更香。选好之后，有了保障便不害怕，咱们就任由他们揭皮去吧！

股市已经不是股市，而是事故

开心一刻

滚滚股海东逝水，浪花淘尽英雄，是非成败转头空！

不知是哪年哪月哪一天，群英云集华山要争夺“股市第一英雄”的高帽，由此，引发了一幕幕惨不忍睹的事件……

“不是我不明白，主要是因为这股市变化太快，”一向潇洒的黄药师，一出场便嘟囔道，“我还以为用我的落英神剑快刀斩乱麻，再用阴阳八卦进行技术分析，就可以有一些收获了，可谁知，竟然……”

洪七公更是垂头丧气：“不要抱怨了，咱们呀，同为天涯沦落人。我炒股的钱可都是挨家挨户一点一点讨回来的，可如今这些钱在哪呢？唉，做散户真的是太难了，如果有谁能够借我一双慧眼那该多好，这样我就可以把这破烂的股市看个清清楚楚、明明白白、真真切切了。”

黄蓉埋怨道：“师父，您呀，总是心太软，心太软，该出手时您不敢出手，而该割肉时您又不肯割肉。”

洪七公委屈地答道：“不要再说割肉了，这不，我连手指都给割断了，他们都还笑我是‘九指神丐’呢！”

如今，两大老对手已经没有了昔日的风光，而一灯大师此时却精神抖擞：“善哉，善哉！大鱼吃小鱼，小鱼吃虾米，虾米吃污泥，这是股市中的定律。不想想，如果没有你们的慷慨解囊，又岂会有股市的繁荣发展呢？”

危机四伏才叫股市

股市是一个极其神秘的场所，亦是一个危机四伏的地方，如果你没有超强的心脏，那么，就不要在大风大浪的“地盘”上闲逛。否则，后果将不堪想象。

一次偶然的机会，方刚遇到了一个股友，便关切地问道：“兄弟，这些天股市一直处于暴跌状态，你的睡眠质量如何呀？”

股友：“还行，像婴儿般睡眠！”

方刚：“好羡慕你呀，还能睡得这么好。”

股友：“啥呀，俺是睡一个小时，醒了，然后哭一个小时，接着再睡。就这样，我每天晚上都是哭完睡，睡完哭。”

方刚：“哦，原来如此，晕倒……”

白云：“来，我给你出一道题，缓解一下紧张的空气。‘把牛市变成熊市一共可以分为几步呀？’”

黑土，愣，无语。

白云(扑哧一笑)：“答案是这样的：第一步，中石油上市了；第二步，连续跌停了；第三步，中石油安然退市了。哈哈哈，大哥，你怎么不笑呐？”

黑土：“笑啥呀，我哭还来不及呢，我买的股票可全都是中石油的啊！”

人人都想在股市中狂捞一把，人人都想成为股市中的赢家，可现实呢？不仅没有使更多的人达到理想的效果，反而还将自己赔得一干二净。于是，有些人就说：“如今的股市已经不是股市了，而是事故。”正如上面的两则故事，股友担心股市一直下跌，所以连睡觉都不能安心和踏实。而正如白云所说，如果中石油果真退市了，还不知道有多少像黑土这样的股民遭受打击。

的确，在我们的现实生活中，或许常常会听到某某股民因股市的下跌而结束了宝贵的生命，某某股民因亏了钱而发疯了，变傻了；等等。各种各样惊心

动魄的事件，无不令众多的人寒心。但不可否认，导致最终悲剧发生的，无不与其个人的忍耐力有关，无不与股市的危机四伏有关。

危机四伏才叫股市。近段时间来，中国的股市确实像一场大的事故。起初的火爆吸引了无数人的参与，由此引发了全民炒股。但就在一夜之间，大盘呈现出了满目翠绿，接着便是一出又一出的事故：大户进去，散户出来；奥迪进去，奥拓出来；昂着头进去，低着头出来；信心百倍进去，垂头丧气出来；杨百万进去，杨白劳出来；巴菲特进去，扒层皮出来；大小非解禁进去，大小便失禁出来；小康家庭进去，五保特困出来……所谓的"害人不浅"估计也莫过于此吧！

炒股须谨慎

生活中，如果你把十万块钱的现金放在桌子上，对着它看两个月，你绝对不会哭；但如果你把十万块钱全部投到了股票市场中，再对着它望两个月，那么，你指定会大声痛哭。因为，股市是一个没有人情，到处充满杀机、危机的地方。然而，就是这么一个没有丝毫安全感的地方，仍然有无数人前仆后继徘徊在它的周围。

这是母亲和儿子之间的一段对话：

母亲：你呀，下海买了股，生活可真苦，每天早出晚归家不顾，当心你的身子骨。

儿子：我嘛，越炒越干涩，日子更是苦，如果有钱身子也难补，还得要把窟窿堵。

母亲：哎呀，为娘心发怵，炒股如吸毒，整天你都面对阴阳烛，人瘦不说顶还秃。

儿子：是啊，做儿心在哭，买股像参赌，优中差劣还有假面舞，我的血汗喂了虎。

母亲：呜呜，怜子泪如注，股市真恐怖，损金折银不妨咱认输，回家之后享清福。

儿子：不行，规则多浑浊，欺诈永无度，断臂割肉才能当醒悟，从此更加离股墓。

从母亲和儿子的对话我们可以看得出，炒股的儿子在股市中是越陷越深，这让心慈的母亲很是心疼，但又有何办法让儿子所失的一切能够重新挽回呢？

股市是一个处处充满“事故”，时时充满“危险”的场所。如何在股市中顺利发展，如何在股市中转危为安，对于每个处于水深火热的股民来说，都是迫切想知道的。

股市中风险密布，股市中危机四伏，入股一定要小心谨慎才可，否则，一切的机遇都会远离而去，一切的成功都会失之交臂。

我们拿钱进股市不是当垫脚砖头，而是想要让自己的身价再涨一涨。但股市有风险，咱又不是股林高手，根本没办法百战百胜。既来之，则安之，与其时时忐忑不安地度过，还不如让自己放宽点儿心，先下决心来钻研一下理论，然后理论指导实践，何愁不赢？

4 牛市不相信，熊市不承认

开心一刻

小刘是某公司的一名文员，部门晚上有一个聚餐活动，安排在了小肥羊火锅城，由小刘负责订座。座位订好后，小刘给部门里的每个人都发了一份通知，然后，自己就早早地在饭店安排位置。

大约六点钟左右，大家三三两两地来到了这里，可是正副两位部长还迟迟不肯露面。小刘先让服务员上了一些小菜，好让大家边吃边等。

一个小时过去了，两位部长还是没有出现，同事小李提议说："小刘，你叫一下牛长和熊长吧。"

"啊，怎么，咱们吃火锅还要牛掌和熊掌吗？难道菜点得还不够多呀？"小刘既惊讶又疑惑地问道。

"哈哈哈！"在一旁坐的同事都禁不住大笑了起来。

小刘一时间犹如丈二的和尚摸不到头脑，不知道大家都在笑些什么。

小李忙对小刘解释道："老大，我是告诉你打电话叫一下牛部长和熊部长。"

小刘："打电话就打电话呗，干吗还非得叫'牛掌'和'熊掌'呀？"

小李："今天早上，部长们开例会，你没有参加。两位部长特意强调以后不允许大家再用以前的称呼叫他们了。因为'牛部长'的谐音是'牛不涨'，而'熊部长'的谐音儿是'熊不涨'。所以现在大家都管他们叫'牛长'和'熊长'了，'部'字是叫不得的，懂了吧，老大？"

小刘这下才恍然大悟，原来不是"牛掌"，也不是"熊掌"，而是"牛(部)长"和"熊(部)长"。

终于，两位部长大驾到了，大家都很有眼色地叫着"牛长"、"熊长"，小刘却怎么听都觉得别扭，但没有办法啊，谁让现在是牛市呢，最重要的还是要图个“吉利”的嘛！

牛市？熊市？

一些尚未踏入股市但又急切想投资的朋友们，想必对“牛市”和“熊市”都心存万分好奇。也许你会说，投个资、入个股，难道还要去什么“牛市场”和“熊市场”不可吗？其实，此“牛市”和“熊市”并非彼“‘牛’市”与“‘熊’市”，而是股票市场中的一个专业术语。

在牛市和熊市的大背景下，相同的消息，人们却有着不一样的反映：

牛市：哈哈哈，加息啦，这样的话，便有利于宏观经济更加平稳，更加健康地发展。因此，股市应该会继续暴涨……

熊市：完了，完了！如果真的加息了，那么就等于减少了货币的流通量，减慢了企业的经济发展速度，对于股市而言，更是一个强烈的打击，这无异于釜底抽薪哇。因此，股市应该会继续暴跌……

所谓牛市，又被称之为多头市场，通常是指证券市场上价格走高的市场。反之，则为熊市，也称为空头市场。而此时的证券市场泛指常见的股票、债券、期货、外汇及其他证券。

当然，牛市之所以称为多头市场主要是由于随着价格上扬，市场比较热闹红火，投资人和证券经纪人都挤在狭小的证券交易所中，犹如传统集市上的一些圈牛群一样壮观。而在西方，“牛”又是具有财富和力量的象征。所以，牛市深受很多投资人期待。而熊市的名称，主要来源于美国西部的拓荒时代。那时，美国和墨西哥边境的一些牛仔们在闲暇时刻都喜欢比赛马、玩斗牛，或者说抓灰熊来斗牛，围观的人在一起下赌注赌谁赢谁输，进行娱乐活动。因此，美国人逐渐把熊和牛视为对头的动物，也就有了“熊市”和“牛市”之分。

其实，牛市和熊市是股票市场中两种截然相反的趋势。然而，要想在股市上成功投资，尤为重要的是把握好市场上的大趋势，也就是说要分清此时市场是处于牛市阶段还是处于熊市阶段。因为只有把握好大的趋势和方向，才不至于陷入股市的低迷阶段，才不至于让自己的钱财误入歧途，落得空手而归。

一般而言，在牛市条件下，其盈利机会要远远大于风险；而在熊市条件下，风险指数往往要比收益大。因此，在投资时，应果断抓住有利的时机，这样才能让操作的成功几率变得更大！这也就是股市中通常所说的“顺势而为”的投资理念。

牛市咋可能？熊市不会吧？

股市大牛，对每一个涉足股市的朋友而言，都是一件大好的喜事。然而，很多人却会犯下一个“通病”，那就是不敢相信大好形势的到来，而面对不好形势的光顾却又不肯承认这一现实。因此，在股市中“英勇献身”的股民比比皆是。

“牛市要来了，我们赶快抛股吧！”“怎么可能呢，还是再等等吧，说不定还会有更大的惊喜出现呢！”生活中，我们时常会听到一些股民在一起讨论股票的价格。然而，面对股价抛售的大好时机，却有很多人因为贪婪，不敢相信这就是盼望已久的“牛市”。渐渐地，“牛市”的热度过去了，“熊市”接踵而至，这让一些准备在牛市中大发一笔的股民大跌眼睛，“不会吧？熊市不会这么快就会到来的”的感叹一时间弥漫了整个空气，接着，便又是哀叹声、后悔声……

一天，熊市到来了，本想靠着股票吃饭的小王、小张、小赵无奈地摇了摇头，不得不面对摆在眼前的事实。迫于生计需求，三人一同来到了某餐馆应聘。

老板和小王的一番面试答话：

老板：“请问，你有什么特长啊？”

小王："我以前是一个操盘手，会炒。"

老板："那你手艺如何呀？"

小王："也没什么，只不过可以把股价从五元炒到五十元而已。"

老板："很好，我们这里正好需要一个大厨，非你莫属了。"

于是，小张也递上了自己的简历表，老板简单翻了几下说："哦，原来你是一个股评家啊。那这样吧，你的工作就是每天站在门口给咱们饭店拉顾客，这点事没有什么难的吧？"小王笑着答道："不难，不难。"

接着，老板转过头来，问小赵："你以前是做什么的，有什么特长？"小赵紧张而羞涩地说道："我是散户出身，洗碗扫地，随便给安排个什么活都行。"老板有些为难地说道："俺们这里是很高级的，再说要散户也没有什么可做的呀？"

正说着，忽然有客人大声嚷了起来。原来今天饭店忘买肉了，客人点的菜没能及时做出来，客人就生气了。老板有些慌神了，这时，站在一旁的散户猛地拔出了一把尖刀，"噌"的一刀从自己腿上割下了一块肉。血淋淋递给服务员，说："先拿去应急。"转身又对老板说，"老子什么本事也没，但割肉是经常的，不信，你可以问问他们两位。"

老板非常高兴："先生，你今天就可以来上班了。"

熊市的到来，对沉迷于股票市场的朋友来说，无疑是一个巨大的震撼、天大的"杯具"。正如这三位股民，本想在股市中大赚一笔，可谁知却因熊市沦落到为维持生计而给别人打工的境地。这是何等的残酷啊！

有人说，股票就如同赌博，如果运气好了，有可能还能"赢"上一把；如果运气不好，就会"输"得很惨。其实，股票和赌博并不一样，赌博是没有任何生产性、没有任何规律可循的，而股票却不一样，虽然它有很多不确定性因素，但却是有规可循的。这就告诉我们，在投资股票的过程中，应对股市进行全方位的了解和认识，这样才不至于跌入股票的陷阱，滑入人生的低谷。

牛熊市的交换有时就在一念之差，把握好，咱便能狠赚一把；把握不好，咱便可能告别“老婆孩子热炕头”的美好生活，重新品味赤贫的味道。所以，我们一定要高举理论指导实践的大旗，坚定牛市即将到来的信心，敢于承认熊市的光顾，在不同趋势下让自己保持一颗火热而理性的心！

开心一刻

一天，一位中年男子因为炒股亏损而面临婚姻破裂的困境。为了挽回破败的家庭，他找到街道主任，要求调解。

街道主任：先生，造成你们夫妻感情破裂的主要原因是什么呢？

中年男子：都是因为我炒股失误而造成的。

街道主任：哦，原来如此啊，如果真的是这样的话，你们的婚姻就有救了。

中年男子：什么？您有什么高招快快告诉我吧！

街道主任：赶快说服你的爱妻，让她和你一同炒股，并且让她也亏掉钱，这样，你们就可以找到共同语言了。记住啊，这叫做“感情投资”，一般人我还不告诉他呢！

股市专家：忽悠的就是你

现如今，无论是哪行哪业都会有一些戴着高深眼镜，留着长长胡须的“老人级”人物出现。他们视自己为精通这行的“神仙”，经常为他人支招、解迷，甚至何时发财，何时有难，都逃不过他们的手掌心。然而，那些专家的话就真的是可信无疑吗？

在深不可测、金钱堆积的股票市场中，就生存着这样一群自称为专家的“股评者”。他们不仅为初涉股场一族讲解专业知识，而且还时常为一些在股市中“迷途”的人们分析原因，以此来维持生计。可是，试想，如果这些评估专

家的话是正确的、明智的，为什么他们不亲自从股市中疯捞一笔呢？

在熊市到来之际，所有的股评人没了“饭碗”。于是，他们集体来到了一个名叫“食人族”的群岛旅行。

在路边，忽然看到一个“人脑”专卖店，他们便好奇地走了进来。

这时，一个服务员笑盈盈地走了过来，说道：“几位先生，不知想买些什么，这是我们的价目表——

艺术家脑一个 10 元；

哲学家脑一个 20 元；

科学家脑一个 30 元；

股评专家脑一个 250 元。

看到这里，这些股评专家们很是高兴，便高声阔论道：“看来这个世界上还只有我们的头脑最值钱咧。根据市场需求理论进行分析，肯定是我们的头脑供不应求，所以，才会有如此高昂的价值的。”

为了验证猜测是正确的，他们便找来刚才那个服务员，兴高采烈地问道：“小姐，为什么股评专家的人脑是这里面最贵的呢？”

然而，服务员的回答令他们所有人为之震惊：“因为我们极少碰到股评专家是有脑的，常言道‘物以稀为贵’嘛，它的价格自然就会比较高些！”

从这则故事中，我们不难发现，真正的股评专家在这个世界上是少之又少的。正如该店服务员所言：“物以稀为贵”。当然，那些“股评专家”之所以戴着假面具，分析得头头是道，无非是为了忽悠天下大众，无非是为了自己的赢利。

股市中并没有真正的专家，只有输家和赢家。如果你的运气好，敢于把握股市中的机遇，那么很可能就会脱颖而出成为人人羡慕的“赢家”；反之，将会成为可怜悲惨的“输家”。或许此时，一些“专家”会声称，看某某富豪都是听取了我的意见而飞黄腾达的，至于那些没有赢利的人就是“不听老人言，吃亏在眼前”的典范喽。所以，这就在无形之中，让“专家”的帽子戴得更高更稳了。

然而，股市中是没有专家可言的，他们之所以把自己归在“专家”之列，无非是与自己懂得一些相关政策，知道点股市行情有很大关系。但这些都是作为一个普通的股民都应当了解和知道的，也都是一些大方向并不错的“道理”。当股民听得津津有味时，就达到了股市专家的“忽悠”目的了，而日后你赚不赚钱则与他们没有任何瓜葛。

另外，专家也只是一个笼统模糊的概念，因为每个专家的想法、素质和水平各不相同，我们没有办法判断孰是孰非，毕竟“横看成岭侧成峰，远近高低各不同”，“公说公有理，婆说婆有理”，这就使得选专家比选股票还要难。因此，倘若要做双重较难的选择，何不直接为自己选个好一点的股票呢？再说，即使是有些专家给咱提供的建议是正确无疑的，但瞬息万变的股市容得下这些一成不变的真理吗？何况专家也并非一直跟随于我们，如果哪天他的观点变了，我们岂不是要一直蒙在鼓里，到最后只能随着大势转变而亏了利息损了本钱！

曾有人言："宁可信青蛙，不可信专家！"虽然此言有些过了，但却展现了一些股民对“股评专家”的憎恶和唾弃。因此，若想在股市中有所发展，有所作为，还是不要迷信专家为好，毕竟只有我们才是自己命运的主人，才是钱的主人！

股市：专家没有，输赢家倒挺多

在瞬息万变的股票市场，假若有人说，他是在股市中“飘荡”的高手，是股市里的“专家”，这时，你千万不要对他抱有太大的幻想和希望。因为，有时候连他们自己都弄不清楚的事情却硬要搬出来告诉你，你会欣然接受吗？

一天晚饭后，夫妻俩坐在床上看有关证券的报纸，妻子满是疑惑地问“满腹经纶”且自称为“股评专家”的丈夫：“股票为什么会有涨有落，千变万化呢？”

丈夫漫不经心地答道：“还不是受通货膨胀压力、财政不稳定、国际收支的不平衡、政治局势紧张的影响啊。”

妻子沉吟了片刻，说：“何不老实告诉我，你也不懂啊！”

股市中，没有专家，但输赢家却是不少。从这则故事中，我们不难看出，股评专家只不过是打着“专家”的幌子骗你的钱花花罢了。其实，他们才没有那么大的宽容之心助你一臂之力走向财富之道呢。

那么，股市中的输家和赢家的分水岭是什么？他们的结果为何会有天壤之别呢？这时，我们暂且撇开“专家”的忽悠，来看一看从输家到赢家到底是一个怎样的过程吧。

1. 输家，量大的股票不敢伸手去做，涨停的股票不敢去做。他们唯一敢做的是天天守在电视机前，看许多媒体节目，跟踪许多股票，但最后却是一无所有。

赢家却与之相反，他们只做股票的龙头，只做股市的热点，只做波段行情。他们时常会跟着资金走，但最终却吃喝也不用愁。

2. 输家随时都在买股票，但从来都只知道卖股票，从刚踏入股市开始，就成了“套牢”专家，成了股票的“收藏家”。

赢家却知道如何保护资金的安全，他们知道严格遵守操作纪律，具有完善的保护措施。

3. 输家几乎天天都泡在股市里，随着股价的变动情绪也在不断地波动。久而久之，股市成了生命的唯一，成了生活的全部，无法解脱。

赢家的心态非常好，无论是涨跌，还是利多或少，他们都能保持一颗平常心。

4. 输家一入股市，便开始憧憬和幻想，满脑子都是发财梦，但却不知道如何学习、如何了解股市行情，结果注定是失败与赔钱。

赢家善于系统学习和阅读各种证券方面的书籍，他们懂得知识就是力量，懂得知识就是财富。

5. 输家踏入股市，往往犹如盲人摸象，只想碰碰运气，不知道股市虽然瞬息万变，但并非是没有规律可循的。

赢家的实战经验非常丰富，技术方法非常过硬，心理素质也相当好，可谓“智勇双全”。

6. 输家刚开始便借钱或者贷款用于炒股，由此而背负沉重的心理负担，从此全部生活都被股市套牢，所以无论实战经验还是系统学习都没有。

赢家成功三步曲：第一步，善于学习；第二步：善于实战；第三步：心理素质好。

7. 输家总是喜欢随心所欲，听取小道消息，而乱了大局，因此必败无疑。

赢家却可以运筹帷幄，因此便可决胜千里。

股市中，没有专家，有的只是输家和赢家之别。从字面而言，虽然输家和赢家只有一字只差，只有一念之差，但却可折射出一个人的股市人生。殊不知，股市人生就是一个人一生的全部缩影。

从赢家到输家很简单，一个不小心就够了。从输家到赢家则有些困难了，它需要我们具有敢于挖掘自身阴暗面的勇气，敢于直面失败的大度，还有敢于面斥所谓“股市专家”的毅然。让自己做自己的主人，才能牢牢地抓住机遇的小辫子多赚一把。

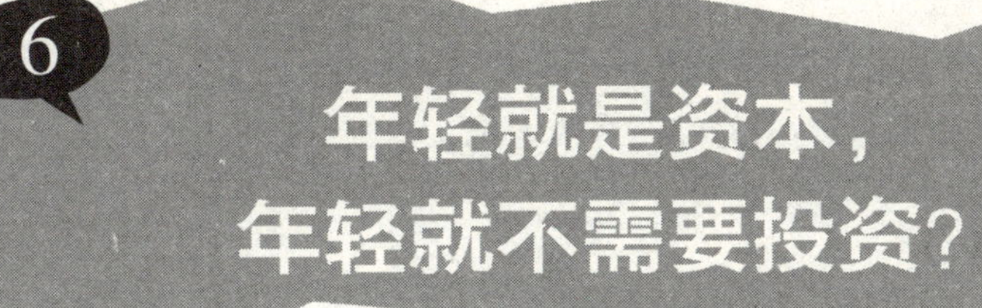

6 年轻就是资本，年轻就不需要投资？

开心一刻

刚刚二十岁出头的方杰，今天是第一天开户来到股票市场。为了了解股市行情，方杰便在门口买了一张证券报。这时，一个人笑呵呵地说道："兄弟，新股民吧！"方杰大愣："你咋会知道？"那人答道："老股民从来都不买报纸，因为它除了日期是真的，其余呀全都是假的。"

方杰半信半疑地进了大厅，这里人山人海。于是他就站到别人身后看电脑。有人打招呼说："喂！朋友，新股民吧！"方杰："你怎么知道？"那人："老股民很早就来占机器了，哪有你这样晚的。"方杰一听，也真是！于是，他便坐下来看大屏幕，旁边有人言："嗨，哥们，新股民吧！"方杰又愣："为什么？"那人："你看，老股民都在打牌，谁有心思看股票啊！"方杰环顾四周，还真是这样。

眼看到了中午，方杰到外面买了一份盒饭，卖盒饭的老大娘笑着说道："小伙子，新股民吧。""你怎么知道的？""这里的老股民从不出来买盒饭的，他们大都到三四点以后回家再吃。"

被人说了一上午的新股民，方杰显然有些郁闷。于是，他下定决心好好学习一番，以掩盖自己的稚嫩和外行。走着走着，看到一群人在调侃股票，方杰也想凑上去听一听，以增长自己的见识。不一会儿，有人拍拍他的肩膀说道："哎，新股民吧！""你怎么知道？""老股民哪有在这一听几分钟却没有发言一句的呢？"

方杰心想，难道是自己脸上写着"新股民"三字吗？为什么他人都能一猜即中呢？于是，他决定回家，可刚走几步，一个乞丐走了过来："先生，行行好吧！"方杰从小心地就特别善良，对于乞丐的请求，他很是爽快，连忙从兜里将

所剩的零钱都拿了出来。这时，乞丐菜青的脸上挤出了奇怪的笑容，说道："真是好人哪，你是新股民？"方杰脸上开始冒汗了，心想：怎么一个乞丐都能猜透？便好奇地问道："你怎么知道？"乞丐赶忙说："我在这门口要钱要了将近一辈子了，那些老股民一般都会给八毛或是一块六，而你却给了我一块四，这个数目并不是老股民的所作所为哦。"方杰一听，好像突然间对"新股民"这三个字明白了些什么……

投资理财需从年轻着手

生活中，常常会听到一些人抱怨："这年头，钱真是难赚，但花钱却是极易啊，几乎月月都入不敷出。唉，何时才能从贫困的窘迫中摆脱，走向富人之列呢？"

其实，每个人都渴望自己能够变为有钱人，都渴望能够过上幸福美好的生活。这是正常人的心声，更是我们努力的目标和方向。但只有愿望却是万万不行的，关键还在于要懂得学会为自己投资理财，懂得为自己的人生进行规划。众所周知，人生需要规划，钱财需要打理，只有你善于理财，钱财才会理你！

投资理财并非是年长者的专利、有钱人的绝招。它同样也适合于年轻一族。也许有些人会说："我们一文没有，一穷二白，拿什么去投资、理财呢？"的确，此时的你或许并不富裕，此时你或许也没有丰厚的收入，但不要忘了年轻就是你的资本，年轻就是你理财投资的关键，如果肯在年轻的时候着手投资理财，那么，势必会在人生的大课堂中收获很多很多……

有一天，一位相貌平平的年轻男士带着一位十分靓丽的女孩，来到了一家LV店。或许在众人看来，真是"鲜花插在了牛粪上"。不过，若想让鲜花心甘情愿地为其所有，请看这位年轻男士是如何为她"投资"的。

年轻男士很精心地为这位小姐选了一款价值6万多的包包。

到付款时，男士掏出了一个支票本，十分潇洒地签了一张支票，这让

店员们很是为难，毕竟还不知道这支票是真是假。

男士很机敏地看穿了店员的心思，十分冷静地说道："不用担心的，今天是周六，我建议您把支票和包包都先留下，等到周一支票兑现后，请把这个包包送到这位小姐的手上，行吧？"

店员这下才放了心，并欣然承诺递送包包的费用由该店承担。

可是到了周一，令这个店员十分惊奇的是这果真是张假支票！他怒气冲冲地打电话告诉那位男士。男士说："这没什么呀，你我都没有受到损失，不过，我已经成功地追到了那位女孩，多谢您的合作！"

虽然这只是一个简短的笑话，虽然还有些"欺诈人"的性质，可是聪明的年轻男士却懂得何时出手，何时投资。虽然当天没有买到LV的包包，但那位女士已经明显感觉到男士对自己的真诚了，至于后来结果如何也就不重要了。当然，这位年轻男士也只是凭借自己的一时聪明暂时渡过了一关，但如果在以后的道路上不能有效地、尽早地学会投资理财，想必也不会有长远的幸福可言。

年轻就是资本，年轻更需要投资。年轻的你，一脸的稚气；年轻的你，一身的纯真。但如果想要在这个世界上过长久幸福美好的生活,就必须从投资理财做起。因为只有正确投资,恰当理财,才有可能让更多的财富集聚,才有可能很快踏入成功之道,才有可能永抱美人归。

举个例子来说吧,如果一个年轻人今年25岁,他每月投资400元,假设年平均回报率为9%,而到了65岁,这些投资便会增长到180多万。相反,如果到了45岁才开始投资,到他65岁的时候,其价值也只有26万左右。这就告诉我们,年轻人的另一大资本就是"年轻",如果肯提早投资,那么对自己的前途越有利;反之,将会把"年轻"的资本白白浪费掉。

因此,哪怕我们的工资只有几百块钱,哪怕我们的生活过得并不富有,但千万要记住充分利用年轻的优势,每月给自己留出一部分钱。因为未来的支出项目是难以预测的,只有时常对人生旅程做好设计和规划,才不至于陷入更大的困境之中,才不至于让美好的生活失去色彩。然而,这一切都需要适合的投资理财保驾护航才可!所以,年轻的你,还等什么?

年轻人投资理财三步曲

投资理财宜早不宜迟,它需要我们从年轻做起,从现在做起。俗话说得好:"先下手为强。"在投资理财方面更是如此,如果你不能赶在年轻的时候投资理财,那么在以后的人生之路上,也许将不可能有一帆风顺的发展,这并非危言耸听,也并非毫无根据。毕竟,生活是千变万化的,未来是难以预测的,只有时常将投资理财牢记在心,付诸行动,靠自己的决心和勇气,才有可能摆脱这种困境。

一天,小蜗牛惊讶地问妈妈:"为什么我们一生下来就要背负如此沉重而坚硬的外壳呢?"

妈妈:"因为呀,我们的身体没有骨骼,所以更需要这个外壳来保护我们的生命啊!"

小蜗牛不解地说:"毛毛虫姐姐也没有骨头,也爬不快,她为什么不

用背又硬又重的壳呢?"

妈妈:"毛毛虫姐姐长大后可以变成蝴蝶,天空会保护她的。"

小蜗牛:"可蚯蚓弟弟也没有骨头,它也爬不快,而且还不会变蝴蝶,他为什么不背沉重的外壳呢?"

妈妈:"蚯蚓弟弟会钻土啊,这样大地会保护他的。"

小蜗牛痛苦起来:"妈妈,我们为什么就这么可怜呢?不仅天空不保护我们,连大地也不保护我们。"

妈妈:"不要哭了,宝贝,我们有壳啊,我们不靠天、不靠地,要靠自己!"

这虽然只是一个蜗牛的诉说,但蜗牛妈妈"不靠天、不靠地,要靠自己"的箴言,又何尝不是对我们年轻一族的真诚告诫呢?在未来的道路上,有许多难以预测的事情,如果不能在年轻的时候为自己铺好路,理好财,就会很容易被摆在面前的"绊脚石"所绊倒。

然而,对年轻人来说,如何投资理财才算是明智之举呢?如何投资理财才能为自己的前途保驾护航呢?学会以下"三步曲",将会给您带来巨大的福音。

第一步曲:学会存。应严格要求自己从每个月的收入中提取10%至20%的钱存入银行账户。当然,存款还应注意顺序,一定要先存后消费,切忌在钱花费得差不多时才想起存钱,这很容易导致"存"之战略不了了之的。

第二步曲:学会省。每个月在固定的储蓄和日常基本的生活开支外,我们还应懂得节省每一笔不必要的支出,切忌看到什么都想买,养成胡乱花钱的习惯。

第三步曲:学会投。即把我们每个月节省下来的钱财用于投资理财。比如,可以购买股票、基金、保险、债券;等等,切忌盲目投资,在对整个市场有全面的了解和认识后,才能把钱财"投"入其中。

年轻人投资理财,首先应明确并非要以投资获利为重点,更重要的是应以积累资金及经验为主导。不可否认,年轻人大多都是刚刚踏入职场的,手头紧凑是不可避免的,但是如果此时能够清醒地为自己的投资理财做好准备,学会理财三步曲,从穷人之列跨入富豪之榜的可能性还是很大的。

总之，年轻人切莫抱定“反正钱不够花，无需理财”的“歪理”，切莫将投资理财拒之门外。要知道，年轻就是我们的资本，就是我们打造美好未来的力量。所以，如果你还在投资理财之外彷徨，还在无视投资理财的重要，那么请一定要转过头来，为自己制定一个明确的理财计划。这样才不至于让我们在需要钱的时候火烧眉毛，才不至于在别人成为富豪之后羡慕不已。

生活中，莫要放弃你的每一分钱

富人为什么会成为富人，是其一生下来就注定是富人吗，还是另有原因?穷人为什么会是穷人?是因为他生就一副穷人相吗，还是因为他不懂得如何把自己变成一个富人?答案肯定是否定的。富人并不是天生就具有富人命，穷人也并非天生就是穷人相，只有通过后天的努力，才能够让穷人变富，富人变得更富。

财富都是通过一点一滴不断积累的，不要小看一分钱，因为大的财富都是一分一毛不断积累而来的。如果你想成为富人，那么就要珍惜你的每一分钱。

其实，很多富招儿都是被穷逼出来的。

赚取一分钱，都是从节省一分钱中获取的

开心一刻

这天，有两个女人在谈论她们的节俭。

其中一个女人说："我的扇子已经用了二十多年了，你猜我怎么用的，我把它分成了四份，每份用了五年。怎么样？厉害吧？"

"你那算什么，你不知道，我的扇子都伴随我一生了。"另外一个女人带着藐视神情说，"我在用它的时候，都是把它放在我的鼻子下面，然后晃动我的脑袋。"

不懂节省的"富人"

在我们的生活中，不知有多少人在抱怨，为什么我干死干活就是成不了富人呢？答案是你大手大脚惯了，小钱你根本就不把它放在心上。要知道，有钱人可不是一开始就是有钱人，他们的财富是由小到大、由少到多积累而成的。

某个人参军后，在训练的时候已经打过三次靶。在队里，一般过三次靶后就要换靶纸了。又到了打靶的时间，班长正要发给他靶纸时，他说："我不要了。"

班长很奇怪，问："为什么？"

某人说："让我用本来的二号靶台就行了。"

"就算那样，也得换靶纸呀！"班长觉得他真是莫名其妙。

"根不不用贴的，那张靶纸连一个洞也没有，再说还能帮你节省节省。"

"啊？"

有一对夫妻，男人的工作非常好，年收入达10万元，而他的妻子一个月工资只有几百块钱。男人认为自己的收入足以支撑家庭的各项支出。他从来不把妻子的几百块钱放在眼里。有一天，他突然很想知道如果把妻子每个月的工资存起来，十几年后会有自己的多吗？

于是他每月从自己的收入中取出与妻子收入相等的钱，存入一张新开的银行卡，就这样过了十几年。天有不测风云，过了十几年，因为企业不复从前，男人被裁员，男人的收入一下子没有了。平常他大手大脚惯了，突然没了收入，而且每天靠妻子的几百元来维持生活，男人很颓废。就这样过了几个月，他忽然想起自己因一时好玩偷偷存起来的钱。他急忙到银行去看存了多少钱，不看不知道，一看吓了他一跳，他原本想妻子的收入不会太多，可当他看到那个数字的时候，他惊了，那上面足足有十几万。而这笔钱也成了他的创业资金。

这则小故事里，男人要不是一时好奇，他怎么可能在失败后还能留下十几万的创业资金？男人从来不把小钱放在心里，就连几百块钱在他的心里也不重要，就是这样的心理差点害他从富人变成穷人，不过还好，他的好奇救了他。

我们常说，越是有钱的人就越小气，越是贫穷的人就越大方。其实，这句话也在间接地告诉我们，越富有的人越是节俭，他们不会把钱浪费在一些无所谓的小事上，他们的钱是用来投资的，所以他们也就显得小气。而贫穷的人，虽然挣的钱不多，但是他们不懂得理财，也不懂得拿钱去投资，所以他们宁愿把钱都花在自己身上，因此也就显得穷大方了。如此看来，要想富起来，就要先从节俭开始。

你不理财，财不理你

没有理财观念是很难成为富人的，你不去理财，休想让财为你停留。要知道，理财应该是从省钱开始的，省下来的每一分钱都大于你所赚的每一分钱，因为你所省下的每一分钱，都是实实在在的纯利润。要想赚大钱，就必须先从攒小钱、节俭做起。人人都想赚大钱，但很少有人意识到节省手头的小钱正是将来赚大钱的基础。

美国航空公司可谓是目前世上最大、也是最赚钱的航空公司之一。该公司之所以能取得这么大的成功，还要归功于它的首席执行官罗伯·柯南道尔以及管理团队所采取的一系列策略。不过，最为人称道的是，他们公司以节俭著称。

话说柯南道尔为了省钱，竟然把看门狗都"开除"了。在一次访谈中，柯南道尔是这样说的："没错，我们在加勒比海边有一栋仓库，早先我们雇用一个人整夜看守，后来决定省掉这项支出。有人说：'我们需要一个人来防止盗窃。'我就说：'把他换成临时工，隔天守夜一次，也不会有人知道他在不在。'过了一年，我还想减少成本，便告诉他们：'何不换成一条狗来巡守仓库？'他们就这么做了，而且非常有效。又过了一年，我还想把成本再往下降，下属说：'我们已经降到只用一条狗了。'我就说：'为什么不把狗的声音录下来播放？'他们如此做了，也行得通，没人知道那里是否真的有一条狗在看守。"柯南道尔就是这样一点一点节省支出的。

柯南道尔是多么节俭，为了减少支出，竟然连一条狗都"开除"了，但也正是因为他的节俭，才使得他聚敛到如此多的财富。经营的最终目标就是赚取利润，而节省在某种程度上就是收入。由于节省下来的钱可以成为你的纯利润，当你省下一部分钱的时候，也就等于是为自己赚到了钱，而且省下的钱在同量的情况下,会大于你所赚的钱。如果你不注意节约每一分钱的话,即使你收入再高,也不可能成为富翁。要知道,小钱的力量也是不可小觑的,水滴石穿便是这样的道理。

若没有节俭的精神,你是永远都无法成为富翁的。只抱着"车到山前必有路"的得过且过之心来对待自己的财富,是个人理财过程中存在的最普遍误区,也是导致一些人直到面临退休时,仍无法在财务上自立和安身的主要原因。其实,发财经验并不神秘,只不过是有人不以其小而坚持做下去,而有些人只想赚大钱而忽略了小钱。

千里之行,始于足下。要想赚大钱就要从攒小钱开始,如果你连小钱都攒不住,你就注定与大钱无缘了。节俭一直是我国的传统美德,而今天,节俭又多了一种功效,那就是发财致富,何乐而不为呢?

富人为何为“富”人，穷人缘何为“穷”人？

开心一刻

穷人：太阳出来我爬山坡，爬到山坡我想高歌唱，歌声传给了妹妹听，我心里乐呵呵……

富人：太阳出来我想睡觉，来到梦里左抱抱右抱抱，右边是老婆，左边是情人，我心里美滋滋……

穷人：哇，妈呀，你这是啥玩意呀？怎么“嗖”的一声就跑恁远呀，比咱家的驴还快呢！

富人：哈哈，没见过吧，这可是我家的宝马。

穷人：啥，宝马？呀呀呀……原来是匹马啊！不过你家的马，怎么长得恁奇怪，不过，它还真好看，白白净净的，可比咱家的驴好看多了。咱家的驴每天得吃两筐草，你这马吃啥呀？

富人：老大，我家的宝马可不吃草，它只喝油。

穷人：啥，喝油？哦，原来马喝油不吃草的。你家这马是公的还是母的？

富人：老大，我的是宝马，不是动物马。不分性别的。

穷人：啥，不分性别，你少诓我了，马哪有不分性别的呀。要是母的话等她下崽儿了送我一只好不？

富人：上帝啊！饶了我吧！

穷人：啥，你的马喜欢上帝，真是可惜了，你家的马喜欢上帝啊，怎么不去下崽儿啊？啊？不对哟，马早晚要下崽的。你是不是不想送我崽儿故意这么说的啊？我就说嘛，你们有钱人的心眼就是比针眼还小，不给就算了，反正我家也没那么多油给它喝。

富人：老大，你见过马吗？

穷人：当然有了，不就在你后面吗？

富人：不，不是，我说在草原跑的那个。

穷人：草原，我没去过啊，我一直在山里，那里马和你的不一样吗？

富人：哦，大哥啊，我跟你说，我的可不是草原上的马，我的宝马是汽车。

穷人：啊，汽车？你不是说它是马吗？唉，你这人怎么这样啊，汽车就汽车嘛，话也不说清，干吗说他是什么马啊。都折腾了我老半天啊……

富人：对，对，对，是我没说清，我错了，那我有事先走了……

穷人：喂，你别走啊，我的话还没说完呢，喂……

穷人富人的选择不同

世上没有绝对的穷人，也没有绝对的富人，穷人和富人最大的差别就是选择不同。穷人很少会去想如何赚钱和如何才能赚到钱，认为自己这一辈子就这样了，绝不相信会有什么改变；而富人呢，他首先想到的是自己不是生下注定是穷人，而是要做富人。他有非常强烈的赚钱意识，只要能赚到钱他是不会放弃的，因为赚钱的意念已经融入了他的血液，所以他会想尽一切办法让自己富起来。

有一个富人，他每天坐车回家时，都会见到一个已经穷得开始要饭的人蹲在路边。刚开始的时候，他没有理会过这个穷人，邻居见了都觉得富人心地不善良，没有同情心。富人说："我这样做恰是慈善。他越是站在这里能够要到饭，他就越不想去致富，因为他这样也能活得下去，他就不去想其他致富方法。其实，很多富招儿都是被穷逼出来的。"邻居摇摇头说他站着说话不腰疼，穷人是没路，等有了路自会去谋生。富人听不下去了，回击说："我们一起来试试看吧。"

第二天，实验开始。下午富人回来，走到要饭的身边，给了他三张大

票，说："我最初就是用300元钱做小买卖起家的，现在我同样给你这么多钱，你去谋生吧，拿这些钱作为本钱干点什么吧，别在这里要饭了。"要饭的拿着钱满口答应了。此后，有半个月的时间，人们都没有再见到那个要饭的了。正当邻居对富人说那钱给对了的时候，那个要饭的把钱花完又回来了，他依然站在原来的地方，伸手向路人乞讨。

当富人再次从那里经过时，再也不理会那个要饭的了。以前热情的邻居，也慢慢地不再理会他了。

从上例中不难看出穷人为什么富不了。富人给了他足以做小本生意的本钱，但他却拿着钱一次性吃饱喝足，然后再回到原地。用脚指头想都知道，他绝不可能成为富人。

经常会听到有些人说富人小气，但富人小气也是有道理的，很少有人天生就是富人，现实中那些成功人士，都是经过穷苦白手起家才走上富裕之路的。其实，穷人和富人之间最大的不同就是选择的不同！

没有天生的穷人，也没有天生的富人

除了人们日常所说的富二代，没有一出生就有钱的富人。俗话说得好："创业难，守业更难。”如是后代没有能力，再大的家业，也总有一天会被坐吃山空的。而穷人如果有成为富人的信念和勇气，总有一天也能成为富人。很多时候，穷人与富人就只在一念之间。

一位教父在给一群穷人讲道时说：“富人都想进天堂，然而，他们进天堂比骆驼穿针眼还要难上许多倍。”

一位穷人听了教父的话，说道：“我们关心的不是富人能不能进入天堂，那些和我们没有什么关系。我们想，如果能够让我们步入富人的生活，没有什么困难就好了。”

如何成为富人呢？有投资家说，富人成功的秘诀是：就算没有钱，就算再困难，都不会动用手上的资金和积蓄的。穷人与富人最大的区别就在于，在同样的机会面前，富人看的是趋势，穷人看的是结果。面对具体事务时，富人看的是别人成功的结果，穷人探讨的是这件事的来龙去脉。在心态上，富人想的是，我一定行，只不过要先付出，后收获。穷人想的是我不一定行，不劳而获，坐享其成。

富人之所以富，是因为他把脑袋放空，使自己的思想、观念都处于空的状态，这样可以随时接受新事物，最终达到脑袋空、口袋满的效果。而穷人一开始就使脑袋装得满满的，思想和观念都是陈旧的，他不敢接受新事物，面对新事物表现出什么都懂、都明白的样子，把老式思想和观念套用在今天，不懂得虚心学习、低调进取，结果是脑袋满、口袋空。富人好总结，穷人好抱怨。富人创造机会，穷人一生都在寻找机会。投资理财，自己的选择才最重要！所以，要想成为富人，就要有富人的心态、勇气和努力。只有这样，你才能渐渐变成富人。

3 节约从每一个细节入手

开心一刻

从前，在山脚下住着一对张姓夫妇。

一天，丈夫因为有事外出，外出回来后，妻子就拉着丈夫大赞自己在这段时间里的节约。“老公啊，你不在家这几日我过得可节省了。”

丈夫：“是吗？怎么一个节省法啊？”

妻子：“我一天三顿剩下的饭菜，舍不得喂猪，也舍不得喂鸡，怕糟蹋了，就加上猪肉、鸡蛋、香油、葱花炒一炒，夜里再吃！”

丈夫：“哦，这样啊，你不知道我这几天在外面，过得可比你省多了。我怕鞋走坏了，于是我总是花钱坐车。”

众看官：“这也叫节省吗？”

节约可不是变着法儿浪费

一直以来，提倡节约这一观点从来都没有停歇过。我们在生活中无时无刻不在提倡节约，但真正能做到节约的又有几个人呢？有的人表面说节约，却在无形之中更加浪费，就像下面要说的这个笑话一样。

一天，小区里停电了。妈妈走到女儿的房间，发现屋里点了两只蜡烛，非常生气地说：“妞妞，妈妈说过多少遍了，要节约！”

“妈妈，我就是在节约，所以才把蜡烛剪成两段。”

有个村庄要开一个“勤俭节约促进会”，村长强调会议的重要性后就鼓励村民踊跃发言。一个姓赵的村民率先开口了。他说：“俺看咱村的丧葬习惯不好，太浪费，该改改。以后死人就别买棺材，直接埋了吧，省钱省木头。”他刚说完，一个姓刘的村民就接口了：“俺看他主意不错，但是还不够省！俺觉得还能再省省，以后埋人的时候都竖着埋，省得占耕地太多……”话音没落，第三个人又建议说：“我支持，不过还可以再省一些，俺提议，今后埋人的时候可以只埋一半，露出一半，省得立墓碑！”

天啊，这是哪门子节约呀！第一个小笑话里，妞妞认为她是在节省蜡烛也间接地省钱了，可是她把蜡烛剪断了，并同时燃烧，那就代表原本一个小时燃完的蜡烛会在半小时之内燃完，这哪是节约啊，分明是间接浪费嘛。还有第二个笑话，什么埋一半、留一半，试想一下，原本的坟头变成立人头，那不吓死人才怪！如果把人吓出病来，不是既要花钱又要出力嘛！这岂不是更浪费？其实，说了这么多，就是要告诉大家，节约是没错的，但是需要把握好方法，不要让节约变成间接浪费。

所谓节约就是能省就省。而在现今社会需要人们节约的主要是共有的资源，如水、电、矿产等，这也是一个国家的民生之本。虽然我国地大物博、资源丰富，但由于人口偏多，人均资源明显不足。比如生活中你喜欢把电脑待机挂在那里，觉得浪费 1 度电也就六角钱，没什么大不了的，那你就大错特错了。如果 13 亿人都去浪费 1 度电，那就是 13 亿度电，就是几千万元的消耗。想想这么大的用电量又得耗损我们多少资源啊？所以，节约一定要从正点下手，不能因为节约方法错误，而间接浪费更多的资源和资金。

细节是节约的出发点

古人云：“天下大事，必作于细。”在当今社会上，任何人都知道细节是决定成败的，它不只是成功人士的法宝，更是世界万物的基础。我们知道，“细”是由好多个“一”组成的。它虽为基数，但与人口数、家庭数相乘可就是几万、几亿的“裂变”。这个量变的过程，它就在你生活的细节处、在你的指缝间。如果

大家能将手指头握紧，那就能获得一大笔财富了。所以，我们要从身边的一点一滴做起，自觉养成节约的良好习惯，这时财富才能涓涓细流汇成河，这是每个人都应该有的节约理念。

年轻人下班回家，发现新婚妻子在发愁。“我真是没用，”她说，“我刚才替你熨那套西装，把裤子臀部烧了个大洞。”“不要紧，”她丈夫安慰说，“那套衣服我多备了一条裤子。”“我知道，”妻子高兴起来说，“幸亏这样，我已经用那条裤子把烧的洞补上了。”

节约看似简单，但做起来并不容易。它关键取决于细节，取决于每个人的节约意识和习惯。细节因为“小”，常常被人们忽略，不识其内；细节因为“细”，常常让人觉得烦琐，不屑一顾。然而，细节好像转动链条上的扣环、千里铁轨上的道钉、万丈大厦上的一块砖石，是基础。很多时候，你不得不承认细节决定事情成败。一个螺钉可使飞机从空中坠落，一个小洞可使巨轮沉入海底，一个蚁洞可以导致大堤坍塌，一根烟头可以引发一场大火，一个小数点可以让竞标的项目废标。种种的“小”都在告诫我们，细节绝不能忽视。从细节做起是节约的基础，它在很大程度上决定着企业的兴衰。

金利来集团董事局主席曾宪梓曾应邀赴港与贫困大学生进行交流。他说：“同学们，我到香港至今已有40余年。在这里，我没有去过一次歌舞厅，没去过一次夜总会。我现在的每一餐只有半碗饭、一点肉、一点青菜，一餐消费10元钱。”当天，曾宪梓还与贫困大学生共进午餐。饭后，他亲手将桌上没吃完的点心收集打包。他这一举动震撼了所有在场的学子。在自己粗茶淡饭的同时，他从未停止过向全国科教、福利等事业捐款。

还有世界首富比尔·盖茨，他从来没有为自己设过私人司机，公务旅行也从未坐过头等舱，也不穿什么名牌服装，他还对打折商品情有独钟，他也不愿为泊车多花几美元，他不止一次宣布他将在有生之年，将自己的几乎全部财富捐献给社会。对此，盖茨这样说：“我很珍惜每一分钱，我从来都是这样的。一个人只有用好了他的每一分钱，他才能做到事业有成、生活幸福。”

一个人就算是有再多的钱，如果不懂得节约，那他最终也将一无所有。

一对新婚夫妇卿卿我我地坐在沙滩看日落。太太随便抓起一把沙，不经意地对丈夫说："真奇怪，无论我抓得多么紧，它总是从手指缝漏去，最后就只剩下那么一点点。"丈夫接口道："宝贝儿，在这个美妙的时刻，还是不要提我那微薄的薪酬吧！"

节约，可是为了家庭幸福、为了国家繁荣所做的盘算哦。它是一种无上的智慧和远见，更是一种生活态度。让我们一起节约，为幸福、为将来着想吧！细节体现的是你的责任感、你的认真态度。在工作中，我们坚决不做"马大哈"。在生活中，我们坚决不要抱着大概、也许、凑合的态度。从细节微小处做起，节约一度电、一滴水、一张纸、一颗钉、一块砖、一斤水泥、一根钢筋、一块木材、一截电线。从点滴做起，把成本降到最低，才能提高经济效益。要明白节约就是增效，浪费就是减收。

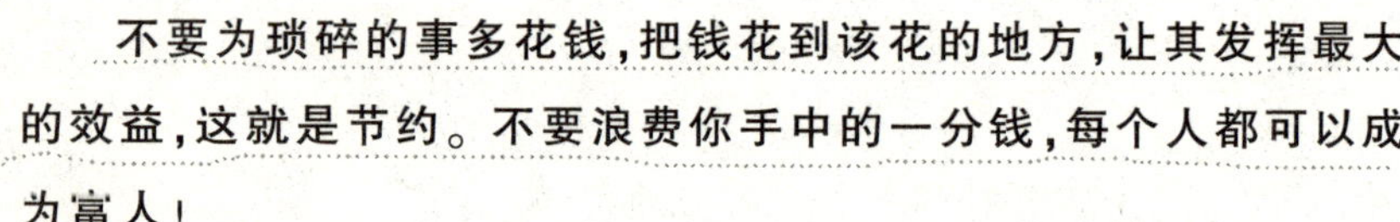
不要为琐碎的事多花钱，把钱花到该花的地方，让其发挥最大的效益，这就是节约。不要浪费你手中的一分钱，每个人都可以成为富人！

4 你为何成为“遗憾消费”的消费者？

开心一刻

一个卖辣椒的小贩生意异常的好，为什么呢？我们一起来看一下吧。

小贩刚站在这里不久，就见一个湖南口音的人走了过来，他忙叫道：“先生，要买辣椒就要赶快哦，我这里的辣椒可辣了，不辣不要钱。”

湖南的客人心动了，于是买了一斤就走了。

这时又来了一个上海人，小贩同样喊了起来：“先生，我的辣椒一点也不辣，还带有甜味。”上海客人就要买的时候，忽然湖南客人回来了，他说：“你这辣椒是甜的，我不要。”

小贩急忙辩解：“这辣椒是变味辣椒，爱辣的吃了辣，喜甜的吃了甜。”

一位过路的广东人听见了，笑着说：“辣椒我不要，我要买你的变味嘴巴，行吗？”街上传来一阵哄笑。

一个人死了，上帝对他特优待，让他自己选择是进天堂还是地狱。这个人先去了天堂，里面白白的、素素的，他感觉很枯燥。然后他到了地狱，那里有美女，人好漂亮。于是他做出了决定——去地狱。刚下地狱他就被上了锁链，小鬼大喝，干活去！这个人委屈地说：“我考察的时候明明不是这样的啊。”小鬼回答了：“你在想什么呢，那不过是我们的广告而已。”这个人听后晕倒。

遗憾消费,心思不定的后果

生活中,想必每个人都曾经历过这样一种情况,你在买一件东西时,当时没感觉,买完之后,就会双手抱头:“天啊,我买这些东西到底有什么用啊,真后悔啊!”这就是所谓的遗憾消费,它是人们在心思不定时,后知后觉的结果。大多数人在购物时,往往会一时冲动,或是被某种欲望充斥,但是冷静下来想一想,却发现它原来没有一点实用价值。因此人们总会后悔,虽然时间能淡忘这些,但是已花了不少冤枉钱,不是吗?

小丽长得清秀可爱,有着天使的面孔。她的身材虽然不能说“魔鬼”,但看上去还可以,不过就是有一点点胖。于是她到处寻找减肥秘方。这天,她刚上线,就看到一个卖减肥秘方的帖子。女孩子都爱美,她哪经受得起这种诱惑,就主动去咨询,很快生意就谈成了,她用10块钱买了这一秘方。按小丽当时的想法,卖家说这秘方非常有效,而且就10块钱,可比市场上的各类减肥药便宜太多了。在这种心理的驱使下,小丽毫不犹豫地买下了秘方。

可是,当小丽拿到秘方之后,就后悔了。这时的她好想拿一块豆腐撞死自己。为什么呢?因为那张秘方上写着“荷叶若干、决明子若干等冲泡”。这种东西随便上网搜索一下,就能出来成千上万个。小丽也不知道自己哪根筋搭错了,竟然相信网上的骗子,但一切为时已晚。

小丽就是因为太冲动了,所以才造成了“遗憾消费”。其实有时候冷静一下就能想明白,不信你看:

一位胖太太对女友说:“我常常去游泳,据说这样可以减肥!”女友不以为然地说:“胡说八道!你见过海里的鲸鱼没有?它瘦吗?”

现实生活中，遗憾消费究竟是如何形成的呢？心理学家指出，这种消费是人们轻微的心理变态的一种表现。在购物中，压抑的心情虽可以有所缓解并得到发泄，但却为此要付出可观的金钱代价。据相关问卷调查表明：在1000名妇女里有13%的人承认她们经常花一些不该花的钱，而且在购物后常常后悔，因为心血来潮时买的东西根本用不上或很少使用。形成这种情况大多都是购物者心理造成的，因心里的急切苛求，他人就无法控制了。

时间不可能倒流，你不可能回到购物那一秒重新作出决定。因此，当你从口袋里掏钱的时候，要三思而行，看自己究竟是不是真的想要这件商品。世界上没有卖后悔药的，让自己尽量正确，才能避免遗憾消费的发生！

头脑发热，消费失误

在众多消费者中，很多人都很容易进入遗憾消费的怪圈。这大多是因心思不定造成的消费失误，那如何防止和改变这种情况呢？

第一，在购物前要有一定的计划与目的，打算买什么就带上相应数目的钱，这样可防止“冲动性”购物。

第二，一定要学会“改日再来”的延缓方针。你在垂青某商品时，先别急于掏钱，而是暗示自己“改天再来买吧”，待改天又来后，由于心情不同了，购物欲可能下降。

第三，要强化期待心理。打算购物时，你要尽可能发现物品的不足与缺点，这样你就可以在期待更完美的物品出现的心情下，缓解购物欲望。

第四，当一个人上街的时候，不免会有孤独感，所以常常会在面对热情货主的时候不自觉地掏腰包。缓解这种情况最有效的方法是：对可买或可不买的商品狠狠地杀价，这势必造成碰壁或讨价还价之局面，且在讨价中也可使你不再孤独。

第五，心中空虚、压抑、无聊时，最好的解决方法是到体育场所去做些较激烈的体育运动，而不是去逛街购物。

第六，在必要时可以去看心理医生，心病还须“对症下药”根治。

在购物前一定要牢记这六条，不要最后因为一时的头脑发热而后悔。

张小姐是一位白领。一次，她来到了一个家居用品的香氛长廊，在这里她看到了一罐标价200元的香薰蜡烛。她只闻了一下便决定买下来，但在掏钱付账的那两秒她忽然想，为什么要买这个蜡烛呢，自己根本就用不着。于是她又走回了原处，决定好好思量一下。她发现，自己想买这个蜡烛完全是因为它有栀子花的香味，而闻到花的香味后驻足是因为它有家乡的味道，但是香薰蜡烛本身对自己毫无用处。经过一番思量后，她还是放下了那个令她陶醉的味道，也因此避免了花冤枉钱。

想要避免自己因一时冲动而购买不需要的东西，最好的方法就是拒绝：

患者："大夫，请问减肥有何良方？"

大夫："把头从右边转到左边，再从左边转到右边，如此摇头不已。"

患者："何时这样锻炼？"

大夫："有人请客的时候。"

其实，每个人都有这种脑热的时候，当人们走进超市、商场或是便利店的时候，事先做好的购物计划总能在一瞬间被打乱。对于这种类型的人来说，拒绝是最简单可行的好方法。

总之，为了不让自己经常处于后悔的状态，唯一的办法就是控制自己的欲望，然后通过其他办法来缓解，这样我们不仅可以远离"遗憾消费"，还可以使手中每一分钱发挥出它应有的价值！

5 购买动机不对，导致你成了穷人

开心一刻

老张："我和我太太结婚30多年了，我们上街总是手牵手。"

小李："你们的感情可真好啊，真让人羡慕。"

老张："呵呵……那只是一方面的原因，还有一个重要的原因是我只要一松开手，到晚上，我们家里就会平白无故地多出一些没用的东西。我辛苦赚来的票子啊，在我松开手那一瞬间，就能少去一大半。"

花钱不是为了实用，穷死你

随着社会经济不断发展，购物已成为人们日常生活中不可缺少的了。但由于物品越来越齐全，人们面临的选择也多了不少。然而，人们往往由于购买动机不纯，从而花了不少冤枉钱。购买动机是引导顾客购买活动指向一定目标，以满足需要的购买意愿和冲动。这种购买意愿和冲动是十分复杂、捉摸不透的心理活动。

从表现来看，消费者的购买动机可分为两大类：理智动机和感情动机。理智动机是人们在知道需要什么的时候，几经确定后才买的。感情动机就有一点动机不纯的意味了，因为这种动机往往是在心理驱使下，一时冲动而买的。而这种情况是经常发生的。

不要把钱花到不合适的地方，否则你就只有受穷的份儿了：

甲："上星期，一粒沙子落入我妻子的眼睛里，医生要了我30美元。"

乙:“你还算幸运的。上星期,一件皮衣落入我妻子的眼睛里,结果花了我3000美元呢!”

为了和别人攀比,买了不适合自己的东西,这就是典型的购买动机不纯。小莉花了大钱不说,还惹来一身骚,并且照这样的心理,她总有一天会花光自己的积蓄的。这样她只会越来越穷,很难存到什么钱。

总之,不要冲动消费,也不要在头脑发热的情况下买自己不喜欢的东西,在买任何东西前一定要三思而后行,确定它是最适合你的再掏钱吧,否则,你的口袋早晚会因为你的冲动而掏空!

理智购物,渐行渐富

商场流行着这么一句话:“女人的钱最好赚。”为什么呢?原因就是女性一看到喜欢的东西就会失去理智,而且无论年纪的大小,只要购物就都会产生消费冲动。再加上商场总是变着法子想让女性朋友“慷慨解囊”,比如,什么打折、送购物券、积分送礼;等等,各种促销手段层出不穷,总是让女人们丧失理智疯狂购物,买回一堆不需要的东西。如何才能做个理性消费的现代女性呢?不妨来总结一下自己容易犯错误的消费方式,然后只要稍做些改变就能对付狡猾的商家了,省钱也就不再是什么难事了。

如果想省钱,女性朋友们就需要注意了,一定不要贪便宜买“无用”货。在换季的时候,很多商家都会打出换季大甩卖的牌子,而且趁着换季去淘宝是大部分女性“蓄谋已久”的谋划。这时很多女性都会盲目地买许多衣服,根本不管自己到底需不需要,只管买回来。天长日久,买的不能穿的衣服就好像是一大堆垃圾,不是永远“封存”,就是送人或捐出去,这样一来,非但没有省下钱,反而加剧了浪费。

刘小姐是一个自制力非常强的女性,平时见到喜欢的衣物或者是化妆品她都会抑制自己的欲望,等到换季了她才会出手。她认为就算现在

穿不着，但总有穿上的一天。可是经过几年的经验，刘小姐发现，这招根本就不好使。因为女人的眼光改变得太快了，一件衣服放了一年后，就不会再有初买时的新鲜感。于是，去年在换季时买的衣服，今年就被打入了冷宫，从而成了废品。

人们“喜新厌旧”的速度是惊人的。冲动是魔鬼，也许你今天冲动买下的商品，明天再看就丑陋无比了：

一位女士走进一家帽子商店。老板微笑着说：“早安，夫人。”“早安。”那位女士回答道，“你们橱窗里有一顶镶有红花蓝叶的帽子。请你把那顶帽子从窗子里拿出来。”老板说：“好的，夫人，我很愿意为您效劳。”女士们通常总要先看许多帽子，然后才选定一顶，弄得老板疲于应付。“好机会。”他想道，“我一定要很快地把这顶帽子卖掉——它在橱窗里放了很长时间了。”“夫人，您希望把帽子放在盒子里还是戴着走？”他问道。“啊，我不想买，我只希望你把那帽子从橱窗里拿出来。我每次都经过你的商店，我不喜欢看见那里放着丑陋的东西。”

女性的眼光之所以变得快，一般是年龄的增长或是职业的变化等造成的。其实，买衣购物，在精不在多，与其买一堆打折便宜货还不如留下钱去购买来年的新款。其次就是勿赶时髦跟风扫货，这大多数发生在年轻女性的身上，现在的年轻人每天都在追求时尚，如果自己跟不上时代，就总感觉格格不入。于是很多人也不管适不适合，会不会搭配，就去随便搭配了，这样反而“画虎不成反类犬”。

最后，千万别受购物优惠券的诱惑。在商场，商家为了达到促销的目的都会有购满一定数额赠送现金购物券的规定。同时还会不遗余力地给她们的会员发信息、寄传单。很多女人抵制不了商场的强势攻击，经常为了兑换购物券而购物凑数，买一些原本不需要的东西。面对这样的促销手段，也是有解决方法的。那就是如果你手中有购物券的话，可以约上几个朋友一起去购物，然后买各自需要的东西,这样就不会乱消费了。

随着商品市场的繁荣，消费市场的供求逐渐呈现出供大于求的局面。面对琳琅满目的各式商品时,一定要让自己有足够的理智,别为小利小益所惑。这样,你就不会因为动机不纯而导致自己花钱如流水了。

开心一刻

飞机上

乌鸦十分傲气地对乘务员说："给爷来杯水！"

猪看乌鸦那么神气，可以那么傲气地说话，为什么自己不能？于是他也学着乌鸦的口气说："乘务员，给爷也来杯水！"

乘务员听完后，二话不说，直接将猪和乌鸦扔出了机舱。

二者刚被扔出来，乌鸦就"扑腾扑腾"地飞起来，而猪却因为体重因素快速地直线下降。乌鸦追上它笑着说："傻了吧，爷会飞！你会吗？就那还跟爷学，也不看看适不适合自己。"

贵！适合！你选那个？

在众多消费者中，每个人都是以不同的目的去购物的，有的为了实用、经济，也有的是为了炫耀、攀比。当然，不同的心理会影响你消费的多少，而你在选择物品的时候是选择贵重的还是选择适合的呢？想必大家的答案都是适合的，可是只买适合的不买贵重的又有几个人能真正做得到呢？因为很多人的观念都认为贵重的就是最好的，其实这种想法是错误的。

试想一下，如果你买回了一双不合适的鞋子，太小或太大，你穿着会舒服吗？要知道，不是东西贵就最好、最舒服的，在很多时候，选择合适的要比选择贵重的强上几百倍。因为适合的用得最顺手。如果太贵重，你或许会把它

当作艺术品来展示吧。因为太贵，用了你怕糟蹋呀！所以结果只能是一个，那就是无用，还浪费了金钱。唉，这是图什么啊，你买东西是用的，又不是用来当花瓶的。

从前有一个富人非常吝啬。有一天，他想自己涉水过河，不料因为水流很急而失足滑落河里，被河水冲到河中央。于是他大喊救命："有谁能救我，我就给他赏金！"附近正好有一艘小船，船上的人说："好！给我五十元，我就救你。"那个溺水的人却说："五十元太贵了，给你二十元好了。"船上的人说："不行、不行！太少了！"这时，河里那个人已经呼吸困难，而且又呛了好几口水，于是他说："好啦！好啦！那三十元！"船上的人说："不行，四十元是最低价！"那个溺水的人说："那我……我宁可淹死！"

一天，一富人听说有一饭店，其价格之昂贵让无数有钱人望而却步。他为了显示自己的富有，便走进了这家饭店。刚坐下，来了一位服务员。

服务员微笑着对他说："请问，您要些什么？"

他满不在乎地说："给我来份5000美金的点心。"

服务员惊讶地望着他，说："对不起，我们这里不卖半份的！"

选贵的还是选适合自己的，是没有标准答案的。第一个富人不愿选贵，结果丢了性命；第二个富人不自量力选贵，结果自讨没趣。这也告诉我们，在消费的时候，只有最适合自己的才是最好的，也才是最应该购买的商品。

世界万物，不论高低贵贱，只有适合自己的才是最好的。所以，不要把眼睛只盯着最贵的商品，与其多一个花瓶还不如多点实用的东西，满足你需要的商品才是最好的！

多个摆设不如多个实用的东西

台湾散文家林清玄先生曾在一篇文章里写了这么一个故事：有一位老太太，她一生都没有穿过合适的鞋，常常穿着比自己的脚大很多的鞋走来走去。有人问她为什么，她说不管大号小号都是一个价钱，我为什么不选择大的呢？这个老太太真是可笑又可悲，就图一个"大"结果自己一辈子都没穿上合适的鞋。而在我们的现实生活中又有多少这样的人呢？他们贪图某种需要而追求不适合自己的东西，活得很累！

想理好财就需要改变这种想法，就要敢于取舍，适合自己的就紧紧抓住，不适合自己的即使它再好、再贵都敢于舍弃。只有这样，你才不会花冤枉钱。还要明白，适合别人的不一定适合自己。不管买什么东西，一定要懂得抛弃一切虚华外表及细枝末节，抓住其关键本质。挣钱不易，应该把钱花在最实用的地方，才算是得其所哉。

对于会理财的人来说，"画饼"也能够"充饥"：

弗林德夫人执意要请一位画家为她画一幅半身肖像。"画上的我要佩戴钻石项链、绿宝石手镯、纯金耳环和红宝石挂件。"她坚决地对画家说。"夫人，可您实际上并没有佩戴这些贵重的物品呀。"画家认真地说。"这你用不着管，"弗林德夫人说，"我这样做是有道理的，我平时身体不太好，我怕万一我死得比丈夫早，他肯定很快就会另娶一个年轻貌美的女人为妻。有了这幅画，他就难以向新娘讲清这些贵重物品的去向了。"

在现实生活中，很多贵重物品除了给你带来虚荣心，并没有太多实际意义。因此，多个摆设不如多个实用的东西，把钱花到该花的地方，才算对得起自己辛劳的汗水。

从个人角度出发，当你购物的时候，一定要选择最适合自己的，这才是最正确的选择。你可以买贵重物品，但是一定要清楚，这是否是你所需要的。如果你犹豫不决，那就没有必要乱花钱。总之，能省则省，不要和他人攀比，也不要死要面子活受罪。实用才是你购物的最佳理由！

7 抛弃错误的消费习惯为何那么难?

开心一刻

有一艘飞船失事了,这时刚好有三个不同国籍的人发现里面有一个外星人,于是他们围着外星人转了一圈。

其中一人是美国人,他说:"把它解剖了,看看是什么材料做的。"

第二个是日本人,他说:"我们把它复制回去,也造一个吧。"

第三个是中国人,他说:"把它炒炒炖炖吧,尝尝它是什么味道。"

习惯是不容易改变的

想要改变他人几乎是不可能的,能改变的只有你自己。但是,想改变自己也不是一件容易的事情。就像人们的消费习惯,不是说改变就能改变的。要知道,这都是多年形成的。所以许多消费者往往因为那些错误的消费,而使自己后悔不已。为什么习惯这么难改呢?大概这一句话就是答案吧——习惯成自然,因为觉得理所当然,所以改起来就非常难。

一个参加过很多战争并得到很多勋章的步兵退伍了。或许是怕他孤单,他刚一回家,朋友就给他介绍了一个女朋友,于是他有了第一次约会。

当他准备出门之前,朋友就给了他许多忠告:"或许你在战争中经历了很多事,但有些事情你必须听我的。第一,你下车后要给女朋友开门;

第二，你女朋友入座的时，你要帮她拉椅子；第三，她说话时，你要很温情地看着她；第四，她需要什么东西，你一定要抢先做好，不让她动手。”步兵点点头表示记住了，接下来他就出门了。

第二天，当朋友打电话询问昨天的情况怎么样时，步兵非常沮丧说：“我完了。”他的朋友就问他：“你忘了给她开门了？”

步兵说：“我替她开门了，她非常高兴。”

朋友：“你没有帮她入座？”

步兵：“我帮她入座了，她说我很绅士。”

朋友：“她说话的时候，你没有看着她？”

步兵：“我一直看着她，她说我很温柔，还说我的眼睛很好看。”

朋友：“那你是不是在某件事上让她动手了？”

步兵：“要是让她自己动手，我或许就不会完了。”

朋友：“那是怎么了？”

步兵：“我们回家的时候，她说她口渴了。于是我就下楼替她买饮料，可是出于多年的习惯，我一拉开饮料绳，就以最快的速度向她砸去了，而我自己却躲在草丛里了……”

看吧，多年的习惯已经成自然了，就像我们购物，特别是女性，往往最容易被人掏光钱包。当人们还没有改变消费习惯之前，那钱就会如流水一般“哗哗”地往外流，你也不会懂得你所赚取的每一分钱就是你省下的每一分钱，那才是纯利润。如果你想成为富人，除非你能增加所得，要不然就要学着多存一点。错误的消费习惯主要有以下几种：

首先是冲动消费，这是众女性最容易犯的错误哦。商家说女性的钱最好挣，这就是最主要的原因。

第二就是用循环信用购物。大部分信用卡的循环利息为14%~21%，所以信用是很昂贵的。如果要用信用卡消费，一定要在短时间内将消费余额还清，否则利息可是会越来越多的。

第三，消费时间不恰当。或是换季物品，或是刚到店的衣物，这两种东西都是很浪费金钱的。

第四，安慰型消费，以花钱来缓解自己的压力或是不好的心情，这可是很愚蠢的办法。

第五，买“错”了东西，比如不是自己所需要的东西，这可要三思而后行哦。

第六，省时的速食品，这个代价可是不菲的，比如一个知名品牌的面条，这可比自己在家做的要贵上二到五倍的价钱，有的还不如自己做的好吃呢！

最后一种，只是为了买个身份地位，只管贵不管舒不舒服，也不管适合不适合。这可不是好的表现哦。

好的理财习惯让你成为有钱人

钱，谁人不爱，但光有钱不行，还要养成好的理财习惯。君子爱财，不仅要“取之有道”，还要“理之有道”。在我们的生活中，常常听到有人抱怨钱赚得不够花，其实，赚得多赚得少不重要，关键是看你会不会省。一个有良好理财习惯的人，也能成为有钱人。

某领导人专机飞过太平洋时，遭遇风暴，飞机地板被掀去，领导人与一干随从保镖反应敏捷，牢牢抓住能抓住的东西，统统吊在高空飞行的飞机上。大家咬牙切齿，使出吃奶的劲，紧握不放，就像烤鸭架上的鸭子一样晃来晃去。但大家都还有一种劫后余生的暗喜。突然，一道雷电击中飞机，飞机成了滑翔机，慢慢向下滑落。有经验的飞行员说，飞机载重过大，如果载重轻100公斤的话，应该可以有拉起的希望。大家面面相觑，但最后都无声地注视着肥胖而又年迈的领导人。

领导人明白了大家的意思，想了想，说：“好吧，不过我还有几句话要说。”大家脸上露出了幸福的微笑，洗耳恭听，思索着怎么回去传达这些话。领导人清了清嗓子，顿了一下，说：“我的话说完了。”大家照例习惯性地啪啪鼓起了掌。于是领导人安全地返航了。

坏的习惯会让你不断走向失败，而好的习惯往往会助你走向成功。花钱也是一样，只有养成良好的花钱习惯，才能让自己抛开错误的消费习惯。若你总是想不起每个月的钱是怎么花的，那就养成以下几个好习惯吧！

第一，让自己养成记账的好习惯，这样可以使你了解钱的花费流向。“凡走过必留下痕迹”，通过不间断记账，让消费习惯一览无遗，可确实找出乱花钱之处，时时提醒自己避免再犯。

第二，运用定期定额或零存整取的方法强迫自己储蓄。理财越早开始越好，而且永远不嫌早。因为时间加上复利的魔力，早投资会让理财变得更轻松。

第三，量入为出，计划消费取代即兴消费。

第四，谨慎使用信用卡，不掉入免息或分期付款的陷阱。天下哪有白吃的午餐，银行是挣钱的，怎么可能做亏本生意。什么免息、分期付款，都是要从你嘴里挤出点食物。所以，要小心。

第五，省下日常不起眼的小花费。你别看它小，但它能积土成山。平常的一些小东西花不了你几个钱，然而，累积一个月、一年，甚至是几年，那可都不是一笔小数目。所以，能省就省，别瞧不起那些小的花费。

第六，购买可增值的资产，而非贬值的消费品。有些投资可以帮你生财，例如购置房屋收租，或是投资配股配息高的绩优股票。有些奢侈品只会让你的荷包缩水，如名牌包、手机。购买物品应着重实用性，够用就好，多存一些钱投资在可增值的资产上才是明智之举。有句谚语“种什么因，得什么果”，理财也是这样的。

如果你想变成有钱人，就要专注于赚钱、存钱和投资，有钱人努力让自己继续有钱，穷人则一直想着要变有钱。其实，你管理金钱的习惯比你拥有的钱财数目更重要，一个好的理财习惯能使你财富增长得更快！

替你家省钱的小妙招

有人这样描绘白领，"白领"就是将每个月领来的工资统统花掉，也就是人们日常所说的"月光族"。虽然每个人都拿着很高的薪水，但是一个月能够剩下来的钱却寥寥无几。人们在大把大把花钱的同时，也失去了替自己积累财富的机会。

只有掌握了花钱的技巧，才能够不断为自己的人生积累更多的财富。否则，就会出现到老一场空的结局。

白领，就是将领来的工资统统用掉

开心一刻

白领的一个月其实可短暂了，工资一领一揭，一个月就过去了。

白领最痛苦的事儿是啥，你知道不？就是“还没有等到发工资的时候，钱就花完了”！

白领最最痛苦的事儿是啥，你知道不？就是“发工资了，银行的按揭又下来了”！

白领最最最痛苦的事儿是啥，你知道不？就是“发工资了，银行的按揭也还了，口袋里却没钱了”！

白领最郁闷的事儿是啥，你知道不？就是“还没有拿到工资，银行的按揭就下来了”！

白领最最郁闷的事儿是啥，你知道不？就是“当拿到工资了，却只能眼睁睁看着大把大把的钞票进入银行的口袋”！

白领最最最郁闷的事儿是啥，你知道不？就是“每个月都拿着令人羡慕的工资，口袋里却空空如也”！

工资都全部“白领”的白领一族

现代白领的压力其实是非常大的，别看他们整天都是一幅逍遥自在的样子。他们的苦是一般人没有办法理解的。白领的痛苦之处在于什么呢？大家都知道，西方国家的家庭结构都是梯形的，而中国的却是十字形的。白领就是处于十字形中间部位的那个人，即使白领能够赚再多的钱，都是很难让自己轻松起来的。

一个男人买了5个面包，路上遇到一位朋友。于是此人笑着对朋友说道："瞧，我买了5个面包。一个是我吃，两个还债，另外两个借贷。"

朋友听完男人的话，十分不解地望着男人："什么还债与借贷？"

男人无奈地回答说："给我父母吃的当然是还债了，给孩子吃的自然是借贷了。"

一位男子请女朋友到饭店吃饭。两个人吃完饭之后，男子弯下腰去，从鞋子里抽出钞票去结账。回来之后，女友非常惊讶地问男子："你怎么会把钱藏在鞋子里呢？"

男子指着手中剩余的钞票，笑着回答女友说："过去我一直都被这些东西压迫着，现在换我压迫它们了。"

通过以上两个笑话，我们不难发现，现代人的压力确实是非常大的。中国的白领家庭并不只有夫妻孩子这么简单的事情，中国式的白领家庭都是上有老，下有小，中间有老婆。白领们不仅要赡养父母、培养孩子，还要按揭供房子。因此，几乎所有的白领每个月领来的工资都是全部白领，这种对白领的新型定义，非常适合现代有着光鲜外表的白领阶层。

虽然白领每个月都能够拿到高薪工资，但是，白领们所要面对的事情，并不仅仅是照顾好自己就OK，尤其是现代年轻的白领阶层。由于中国推行计划生育政策，虽然中国的人口减少了，却给人们带来了更大的压力。现代大多数的家庭都只有一个孩子，当孩子长大成人、结婚生子之后，就要面临夫妻两人照顾四位老人的现实。不仅如此，一旦有了孩子，就要付出更多。因此，作为现代白领不仅要做好自己的工作，还要照顾好双方的老人和自己的下一代。更有甚者，现代白领还要面对房子的问题。面对诸多压力，相信许多白领要死的心都有了。

白领理财很关键

白领若想过上高质量的生活，懂得理财知识、掌握轻重缓急这些都是必需的。人人都想理财，但并不代表人人都会理财。

有两位十分聪明的理财学天才，时常会为一些高深的理财学争得面红耳赤。有一天，两个人吃完饭出去散步之际，又为某个理财项目争论了起来。正当两个人很难分出胜负之时，甲突然发现前面的草地上有一堆狗屎。于是，甲对乙说，如果乙能够将它吃下去，自己愿意出一千万。

听完甲的话，乙非常犹豫，他认为一千万可不是小数目，自己是吃呢，还是不吃呢？乙拿出记事本与钢笔，进行了一番精确的计算之后，他决定吃下去。于是，甲损失了一千万。然而，当乙吃下去这堆狗屎之后，心里十分恼火。

接着两人又继续向前走去，前方又出现一堆狗屎，乙看到之后，胃如翻江倒海一样难受，甲却为自己失去的一千万心疼不已。这时，却听到乙对甲说，如果你将它吃下去的话，我也给你一千万。甲也拿出纸与笔，用不同的计算方法，计算了一番之后，得到了与乙相同的答案，他也决定吃下去。

此时，甲非常高兴地收回了那一千万，乙心里也得到了一些平衡。接下来，令人想不到的事情发生了，甲乙二人悲痛起来，他们一致认为自己什么都没得到，却白白吃了两堆狗屎。二人对此十分不解，他们就找到了自己的老师，当他们讲完自己的经历之后，这位著名的理财师却高兴得跳了起来。他非常激动地说："两千万啊，你们仅仅吃了两堆狗屎，就为国家的 GDP 贡献了两千万的产值。"

一些人为了让自己的理财达到效果，而不惜成本。最终，只会像故事中的甲、乙二人一样"赔了夫人又折兵"，一无所获。

理财并不只是有钱人独享的权力，没有钱的“月光”白领照样可以理财，让理财带给自己收益，如此就打破了每个月的工资全部白领的可悲结局。

不过，作为承担着上有老、下有小并还有贷款要还的白领，在理财时需要量力而行，适度而止。不要因为贪得无厌，而让自己陷入更大的窘迫之中，那样岂不是得不偿失？不要让自己每个月的工资统统白领，但同时也要注意用闲下来没有其他用途的钱，理理财，投投资。

白领如果只是一味地将自己挣来的工资统统用掉，在没有遇到什么大问题的时候还能勉强过去，一旦出现了任何大问题，就会一下子陷入困境，很难从困境中走出来。所以，白领能不能学会理财关系着是否能过上高质量生活。

2 砍、砍、砍，就是要将你的高价砍下来

开心一刻

这一天，一家人来到了商场……

买完了东西后，男人趁女人结账之际，偷偷地让儿子去门口买酒。

爸爸：儿子，快！去买瓶酒回来。记住，不管老板开多少的价，都要杀他一半儿。

儿子：收到！

儿子：老板，这酒多少钱一瓶？

老板：80。

儿子想了一想：不行，40怎么样？

老板无奈：那怎么可以，60吧。

儿子：不行，30！

老板晕：那40怎么样？

儿子又想了想：不行，20！

老板狂倒：30总可以了吧？

儿子：不行，15！

老板生气了：干脆我白送你得了！

儿子苦思：不行，你得送我两瓶！

老板无语……

买的精还是卖的精？

俗话说得好："从南京到北京，买的没有卖的精。"还有个词叫做"无商不奸"，可见这经商不盈利，那便是傻子。

兄弟两个在商业街开了一家服装店，他们对每一位顾客都热情非凡。每天，弟弟都站在服装店的门口向行人进行推销。但是，两兄弟却都有些"耳聋"，经常听错彼此的话。

这一天，弟弟依旧热情地将顾客拉到了店里，并向其一一介绍。那位顾客指着其中一间衣服问道："这件衣服怎么卖？"

"耳聋"的弟弟把手放在耳朵上问道："你说什么？"

顾客以为对方耳聋，便提高声音说："我是问这件衣服怎么卖？"

"噢，你是问衣服的价钱啊，抱歉，我耳朵不好使。"而后又转身问他的哥哥，"这身纯毛XX牌的衣服卖多少钱啊？"

哥哥从座位上站了起来，看着那套衣服说："那套啊，70元。"

"多少？"

"70！"哥哥再次喊道。

弟弟回过身来，微笑对顾客说："先生，40块一件。"

顾客一听，立马掏钱买了下来，而后溜之大吉。

哥哥与弟弟相视一笑……

为什么会这样呢？因为他们兄弟让顾客的自尊感油然而生，甚至使他们有一种占便宜的感觉。可见，卖者要比买者精得多了。其实，行销最主要的就是要为顾客营造出一种价值感，即使消费者对自己所买的产品从各方面都感到满意，认为自己购买抉择是明智之举，这样才算是精明的卖者。

但是，托·富勒说了："挑剔找碴的人就是买主。"这就是天外天、人外人的买主。的确，卖主很精，但买主也不是盖的，也可以利用自己的三寸不烂之舌

对付一些可恶的卖主，以解买东西吃亏之主的心头之恨。托·富勒还说了："双方均无利可图的买卖是傻瓜之间的交易。"可见，买主也不输给卖主，否则，买主不就成了傻瓜了吗？

卖家总是想要多赚点钱，而买家却总想少花钱，两者不可兼得，那究竟谁能如愿以偿呢？这可就要看自身的"功力"啦，所以，想要达到"买的要比卖的精"的境界，消费者就必须为此做出一定的努力，要做到与时俱进，不断地完成自我完善与充实。

如何提防购物陷阱不是一个新鲜的话题，却依然受到人们的关注。有些人罗列出一些卖主骗人的伎俩，并对之进行了针对性的拆解，但效果却总是不尽如人意。毕竟市场的形势一直在变化着。所以，想要从根本上解决这个问题，就必须从基础着手，提高消费者的购物鉴别能力，力争做一个更为精明的买主。

卖主之所以能够"忽悠"到买主，很大的原因都在于"信息的不对称性"，若削弱了此优势，或者是将之消灭，那卖主如同是被拔了牙的纸老虎，中看不中用了。所以，买主最重要的就是要尽量地了解行情、产品口碑以及售后服务政策等信息，这样才能对卖主"釜底抽薪"。

宁砍价，不砍钱

谁说省钱就是降低生活质量了？那流行着的一个观念"省钱=赚钱"又是什

么？所以啊，一定要学会省钱，而要做到省钱，最主要的就是要学会砍、砍、砍！宁砍价，也不砍自己的钱！

妻子是出了名的砍价王，而老公作为妻子的首席大弟子，功夫自然也不浅，两人若是联手，那便是横扫大市场。

这天，妻子贪睡，便让老公去市场买菜，老公买完菜后看中地摊上的一双棉鞋。他拿起一双，一边仔细看着，一边漫不经心地问道："老板，多少钱？"

老板："12。"

老公："8块钱我买了。"

老板："不行，12块。"

老公笑了，正想过过砍价瘾呢。

老公："这种手工货……"

老板："这种手工货质量好得很，针线均匀密实。说句老实话，12都是便宜的，16的我卖得多了。"

老公："你卖得这么……"

老板："我卖得这么便宜是有道理的，看您也不是小气人，还价这事您肯定不专业，我要贵了良心上也过不去，今天我也算是交个熟人，11块！"

老公气愤，老虎不发威，还真当我是病猫！

老公："你若是把这双鞋当成宝那可就错了！不就普普通通的一双鞋嘛，接头松垮、针线稀松，左轻右重、上宽下窄，既不暖和而且漏风，大了说叫假冒伪劣，小了说叫质量极差。我买了也就是图个怀旧，你还真以为我非得买你这鞋不可啊。你说这鞋既不是阿迪达斯也不是耐克，撑死了也就8块钱。"

最后棉鞋手到擒来。

砍价，不仅是一种技巧，更是一门艺术，值得人们深入研究与探讨。

首先，自己的穿戴一定要朴实，富丽堂皇的架势对砍价可是极为不利的，卖主赚的就是有钱人的钱。再说，你这“有钱”的主儿，好意思在价格上争论不休吗？

另外，在砍价的时候，一定要做到不露声色。精明的卖主总是会留意买主的眼神，若两眼直直地盯着中意的东西，那价钱肯定是砍不下来的。老练的买主总是会做出“可买可不买”的表情，然后使劲地往下压价，这种方法十分奏效。

三是声东击西之计。砍价的时候，一定要尽量找出商品的不足之处，这样卖主就会因此而做出适当的让步。

四是要学会掏空腰包，卖主总是想多赚一些钱，但又将价格封了底，这时你就可以称钱不够，而卖者觉得你手中的钱也是有利可图的，所以他们是不会放过你这个掏空腰包者的。

最后，还有一招，那就是走人，这可是一门高深的学问，是买卖双方的一种心理较量，谁先撑不住就等于是谁输。走人是一把双刃剑，伤害的是买卖双方的购买欲以及赚钱机遇。所以，不到逼不得已，不要轻易地使用这招。

现在的社会是经济社会，砍价也是生存必须条件之一。从大方面来说，商场上谈判——谈的是什么？砍价！小方面说，开门七件事：柴米油盐酱醋茶，件件少不了砍价还价的。总而言之，作为新时代接班人的我们，学会砍价非常重要！

3 购物超级省，特价天天有

开心一刻

某人一家正好今天有空，于是全体总动员，齐齐向商场奔去……

妻子先走向了水果摊，卖香蕉的老板见有客户，便喊道："香蕉特价啊，两块五一斤咯。"

妻子问道："香蕉甜不甜？"

老板说道："不甜不要钱。"

妻子则说："那给我来几斤不甜的吧。"

老板无语……

买完了水果，一家人又来到了鱼摊前面。

老公问道："鲤鱼特价吗？"

老板说："嗯，要多少？"

老公说："那要九两吧。"

老板无奈："九两不好算账，一斤怎样？"

老公又说道："一样的，我每次要一斤，你也都只给九两。"

老板一脸黑线……

购物飞向特价区

购物基本上已经成了现代人最为热衷的一项运动，特别是女性朋友，很多人都被挂上了"购物狂"的名号。然而，人与人之间的购物情况又是不尽相同的，有些人总是能够最先捕捉到各大百货公司打折的信息，也总是能找到那些隐藏在角落里的特价商品。

某人在其同学的推荐下，来到了一家手机城……

某人：老板，我同学说你们这里的手机天天都在搞特价，而且每天都有一种型号是特价中的特价，价格基本上是别家的一半还少，真的是这样吗？

老板：你应该多关心一下你的这位同学，千万不要让他一个人待着，另外，多陪他说说话，多参加一些集体活动。要是还不见有好转，我建议你送他到医院检查一下。

某人：哦……我就说嘛。

商品常有而特价不常有，所以，一定要用千里眼的神眼以及顺风耳的神耳，做到眼观六路、耳听八方，千万不可放过任何一次的商场大折扣、卖场大特价。有很多商场、卖场或是百货商店，为了聚人气、争客户、抢生意、扬名气，总是会搞一些活动，或是做促销，弄一些特价商品。所以，无论是时装店还是超级市场，各大商店的上空都会飘着“特价”二字。甚至有很多人都大喊道：“我就是奔着‘特价’二字来的！”

有人就要问了：“我怎么知道哪里特价啊？偶尔碰见一次吧，那还是瞎猫碰着死老鼠——凑巧罢了。”这话就不对了，每个人在购物之前，都要先审视一下，这样才能成为省钱超人，否则也只能属盲人级别的了。所以，一定要多转、多留意。当然，最主要的就是要关注他们的价格。

一般情况下，像节假日、开业、重新装修、转让清仓、店庆的时候，他们的商品都会搞特价的，其中店庆、开业时的特价力度要更大些，还或多或少的会有一些小赠品，此时去购买，一定是最佳时刻！所以，这些信息都是不可以放过的，当然，网上有时候也会发布一些这样的消息，这不，又多了一个消息源了吧？

总的来说，对特价商品就是要做到：稳！准！快！狠！

怎么说呢？

稳，就是在购物前要做足准备，做好一切出手的准备；准，就是要练就一双火眼金睛，不可错过任何一个特价商品；快，就是在发现特价商品的时候，出手一定要快，否则就一朝慢成千古恨，再回首已百年身呐；狠，则是较为全面的一个要求，它建立在“稳”、“准”、“快”的基础之上，对下手的对象、时机与成败都在此一举。

让特价来得更猛烈些吧！

特价消费也要有度

特价总是能勾起人们购物的冲动，商场、卖场打折啦！半价啦！快来抢咯！这些好消息无疑刺激着购物狂们的消费欲望。但花钱也是有一定限度的，特别是，钱一定要花到点子上，有哪些小便宜是可以算计到的呢？又有哪些小诱惑是万万不可沾的呢？有些人对省钱之道还是需要恶补一下的。

夫妻两个周末一起去逛商场，刚进来，他们就奔向了生活用品区。

妻子看到了正在搞特价的各式各样的布，就对老公说：“亲爱的，这些布搞特价呢，我给你买块布做条领带吧？”

老公感动地说道：“老婆，你对我太好了，但是做一条领带要这么多布未免有些浪费了。”

妻子笑着说：“没关系，特价！多买一些，剩下的布刚好可以给我做一条裙子。”

是呀，“特价”是没错，但也要根据自身的需求来选择。否则，这钱可是省不下来咯。总之，面对“特价”，一定要做到小心！小心！再小心！

在日常生活中，人们常常都会有这样的感觉：为什么也没有买到什么东西，可卡里的钱就转瞬即逝呢？

去购买特价商品本来是无可厚非的，因为这样会省下很多钱，但是，千万不要因为这样就无节制地去采购。一定要考虑好自己的实际需求，还有商品的保鲜度。可恶的是，虽然有些商品表面上写着打多少多少折，其实呢，到真正消费的时候，还是原价格。这分明是披着羊皮的狼嘛。所以一定要记住一个原

则：吃掉鱼饵，可以！但切不可上钩，还有，一定不要吃“哑巴亏”。

另外一个误区就是，有些店里虽然摆着特价、打折的牌子，但其实也不比别家便宜多少，甚至要高出很多。所以，适当地比较还是有需要的。总之，省钱不要怕麻烦，货比三家最重要！

一般情况下，打折的东西都被告知“不退不换”，所以，最好当场就对你的战利品进行全身检查，确保百分之百的没有一丝瑕疵。当然，若是发现了一些自己不在意的小瑕疵，不妨利用此契机，要求卖家折上加折。

天下没有白吃的午餐！即使是特价商品，也一定要有节制，最好的省钱办法就是要花得明白，到底哪些特价商品是自己真正需要的。任商家的“特价”风暴再猛烈，你也一定要保持“岿然不动”！

4 钞票只有用掉了才是你的，用不掉的永远都与你没关系

开心一刻

男人们的心里话：

1. 等咱有了钱，吃包子、喝白粥。想蘸酱油蘸酱油，想蘸醋就蘸醋，包子要买俩，吃一个，扔一个！

2. 等咱有了钱，想去非洲就去非洲，想上欧洲就去欧洲，一次包俩飞机，一架座机，一架护航!

3. 等咱有了钱，就买高档汽车。想买宝马就买宝马，想买奥迪就买奥迪，一次买两辆，前面开一辆，后面拖一辆。

4. 等咱有了钱，买个高级别墅。想买市区就买市区，想买郊区就买郊区，一次买两栋，我住一栋，养鸡一栋！

5. 等咱有了钱，想买空调就空调，想买电扇就买电扇，空调要买俩，一个吹冷风，一个吹热风！

女人们的心里话：

1. 等咱有了钱，上韩国整容去。想变金喜善就变金喜善，想变张曼玉就变张曼玉。整一次去俩人，找一个人先试验，效果满意自己上。

2. 等咱有了钱，走十步路也要打的。想坐车就坐车，想走路就让车跟着。一次打俩车，一辆爱坐不坐，一辆打死也不坐。

3. 等咱有了钱，不是吃香就是喝辣。想龙井虾仁就龙井虾仁，想西湖醋鱼就西湖醋鱼。吃个鱼翅用俩碗，喝一碗，漱口一碗。

4. 等咱有了钱，再也不穿那合成皮，想穿豹皮穿豹皮，想穿貂皮穿貂皮。一式大衣买两件，一件晴天穿，一件雨天不打伞穿。

5. 等咱有了钱，天天瞎搞。想上市就上市，想撤资就撤资。原则就俩：收购减一个零，转手加一个零。

赚到的钱只是“暂时管理”

有人说：“赚到的钱不是你的，用掉的才是你的。”的确如此啊，打开钱包一看，那些没用掉的钱上面，印的都是“中国人民银行”几个大字，跟咱们是没有一丝关系的。

某人是研究假钞的，一天，他兴奋地告诉朋友说：“成功了！我要发财了！”然后他拿出自造的一张十元面值的人民币。他的朋友一看，说：“造了你也花不出去。”他不高兴地说：“谁说的，那可不一定。”然后就真的出去了。

回来后，他兴奋地对朋友说：“钱花出去了。”朋友惊讶。他又说：“我去了农村，看见一个摆地摊的大妈，见她眼神不好，就买了一个一块钱的挖耳勺，她找了我九元呢！”然后便拿出那九块钱，朋友一看，差点吐血，原来那是两张四块五的。

且不论那十块钱是真是假，总之那都是造假人暂为管理而已，最后也只有花出去的一块钱是自己的，至于剩余的，也只能是花不出去的两张四块五，成了死钱。

所以说啊，只有花掉的那部分钱，才是真正属于你的财富。即使你是腰缠万贯的富人，若生时舍不得吃、穿、玩，到最后两眼一闭、两腿一蹬，自个儿的钱还不知道是被谁花了呢。你说这冤不冤？还有那些只懂得省吃俭用的贪官污吏，好好的高官厚禄不知享受，结果因贪返贫，一分钱没花吧，还赔上了全部的个人财产，甚至还搭上了自个儿的小命，真的是赔了夫人又折兵啊。你说这惨不惨？所以说，一旦遭遇无常，那钱就会成为别人的，而明天会怎样，这都是人们无法预期的。只有把握住现在，才能将那些没有真正拥有过的东西握到手中。

所以，一定要利用好自己手中的余钱，有了想法就马上去实现，千万不要让余钱落入别人的口袋才知道后悔。

利用余钱，学会用钱生钱

简单地说，理财就是管钱，你要是不理财，那财就不会理你。收入就是一条河，财富是你的水库，花钱就如流水。所以，理财就是管理好你的水库，尽量开源节流。钱，多好听的一个字啊，它的秉性无非就是你不爱我，我不爱你。所以呢，人一定要好好地去爱钱、理钱。

理财呢，还要学会自立，否则就是靠山山倒、靠人人跑，自己手中的钱一定要好好地利用起来。用钱生钱乃是省钱的神仙级招数，此乃长跑冠军，所以，年轻的时候就要开始你的生钱之路。

某村村主任家里的小猪死在了猪圈里，村主任说是有人投毒，公怨私报。后来，他按一大肥猪折合的款子，从会计那里领取了一笔损失费。

没过多久，村主任家里的棉花苗又被割了，他委屈地说是自己在村里主持公道，遭人报复。后来，村主任依旧从会计那里领取了补偿金。那数目，比种棉花的收入可要高多了。

在一个月黑风高之夜，村里跑运输的二愣子在回村的途中发现两个人正在锯主任家的大树。二愣子用车灯一照，俺的圣母玛利亚啊，竟然是村主任自己和他的亲兄弟……

村主任嘿嘿两声，说："砍树，过一段时间准备盖房子用。"

盖房子？哪有晚上干活的？还真是有点欲盖弥彰。显然，这样的生钱法是错误的。然而，怎样的生钱法才是正确的呢？

对于手中的余钱，一定要持着"鸡蛋不要放在一个篮子里"的原则，分配好

投资理财的结构，在股票、保险、基金等这些常见的投资方式中，满足自己的预期收益要求。若是对这些方式不太熟悉，还可选择最为传统的懒人生钱法——储蓄。

再则就是黄金投资，莫里森曾表示："我对黄金的前景是看好的，我的个人资产投资在黄金方面的比例是高于10%的。"其实，除了黄金饰品、礼品等，投资性金条市场也延续了其热销趋势。当然，生肖金条实属纪念型金条，并不属"炒金"的最佳选择。相较于黄金投资，白金可能会是一项更为赚钱的投资项目，因为随着新型交易所交易基金的推出，白金的交易更为透明化。

近年来，因投资门槛过低，纸黄金的投资业吸引了很多的个人投资参与者。甚至有理财专家指出，纸黄金实际上就是个人记账式黄金，其报价类似于外汇，即跟随国际黄金市场的波动情况而报价的。所以，投资者应密切关注国际基金价的走势，通过"高抛低吸"的方式实现投资收益。

除此之外，房地产业也逐渐地趋向了平衡，虽然现在的房地产投资不会像以前那么红火，但也不用过于悲观。众所周知，当前经济复苏的基础并不牢靠，基建投资的贡献是最大的，而调控政策的作用便是要是让房价平稳或是小幅度波动。

总之，在当前这种市场不确定性加大、波动不稳的环境下，投资者一定要高举分散投资的大旗，寻找不同类型的投资项目，做好资产组合，做到花样繁多、生财有道！

5 布置家居省钱全攻略

开心一刻

买房的15种死法：

1. 房子的广告，图片精美、辞藻华丽，太美了，爱死！

2. 房子太多，不得不做比较，一到周末四处看，跑死！

3. 售楼小姐态度忒好，一天一个电话，来来回回无非就是“快来买吧”，烦死！

4. 售楼小姐态度忒坏，衣着一般的爱搭不理的，那眼神，意思简直就是“你买得起吗”，气死！

5. 交了首付款与月供，天天跑工地，不见封顶，等死！

6. 到交房时间了，却不见有人通知自己收房，谁知开发商没钱了，慌死！

7. 交房时，发现面积增加超过3%，按合同需补交一笔房款，而邻居合同签得细，不用补交，羡慕死！

8. 装修时“DIY”，从买材料到刷墙都需亲自动手，累死！

9. 住进新居，早起坐在阳台上看风景，乐死！

10. 三个月后，门前空地开进一帮施工人，才知此乃一期，还有二期、三期，整日机器轰鸣，吵死！

11. 天花板无缘无故掉了下来，居然未伤到人，庆幸死！

12. 二期、三期快建成了，才知道效果图上标的绿地居然是一条非常重要的市政路。一想到日后窗外就是大马路，车来车往的扰人安宁，愁死！

13. 经常听见楼上重物坠地的声音，真怕哪天楼板承受不住掉下来，担心死！

14. 朋友家是新建的小区住宅，环境优美、设计独特，与自己的房子一比，优劣顿现，悔死！

15. 静夜，躺在床上想着自己钱财的来之不易，买的房子却是如此不济，辗转难眠，哭死！

不容忽视的小心思

家居的布置素来开销就很大，尤其建材的价目一直处于上涨趋势。这样的话，如何能在节省开销的情况下，营造出一个舒适、优雅的家居环境，也许会是很多人都极为感兴趣的话题。

一家“扒皮”公司的装修工在接受记者的采访时，那个妙语连珠啊，真是令人拍案叫绝！

记者：请问你们是怎样看待客户的？

装修工：肥羊，肥得不能再肥的肥羊！

记者：这话怎么解释？

装修工：公司扒皮，监理、设计师和长工都吃肉，我们只能敲骨、吸髓。

记者：那请问你们老总以前是做哪行的？

装修工：宰羊出身。

记者如梦初醒：原来如此，难怪你们身上有股子膻味。

由此可见，家居的确是一花钱的主儿啊，布置起来可不是一笔小数目。但是，谁都希望自己能拥有一个舒适的居家环境，所以很多人都在家居的布置上投资了大量的金钱。其实，美化家居不一定要花大钱。若是在小东西上多花一些心思，同样能够达到养眼的效果，同样可以有舒适的感觉。

首先，就是布艺的色彩方面，布艺的花费其实并不大，若能够适当地应用，那可就是大功臣一个！比如说客厅的沙发吧，想要使之新样靓妆，不一定非要换一套新的，若能够换上新的坐垫或是沙发套，以全新的色彩、图案示人，照样可以羞杀蕊珠宫女！

其次则是灯饰，如今的灯具乃是花红柳绿变化多易，单是改变灯光的冷暖、明暗，就能营造出室内的气氛，家居环境自然就有所变化。

再则是具有画龙点睛作用的小物件儿，比如一个精致的小摆件、一束色彩艳丽的花儿……这些都可增加一份惊喜与情趣。

然后就是家里的杂物了，整洁乃是家居布置的重中之重，像家里的书籍、衣物以及其他杂物，都应该妥善地处理掉，这样，家里才能够有焕然一新之感。

最为重要的就是客厅与卧室了，客厅乃接人待物之地，当然要多花点心思，若选择一些新颖、时尚的配饰，定能养己之眼、受人之羡。至于卧室，是自己私密的个人空间，而且对舒适度的要求也是最高的，自然要重视起来，尽量以轻松、舒适、健康的原则加以装饰。

布置家居，省死！

家居、家居，自己可是要在家里居住的，自然不可轻视。但如今，很多人都花着大心思、掏着大笔大笔的银子去装修、买家具，到最后呢？不仅浪费了钱，家居风格也极不入眼。那么，怎样才能巧妙地布置一个既适合自己，又省钱的家居呢？

一位业主与一个装修设计大师对装修的讨论：

业主：大师，您的设计属于哪种风格啊？

大师：现代新概念颠覆传统观念的抽象实用主义。

业主：那墙壁上的五颜六色是什么？

大师：你认为这是墙壁吗？你难道看不出来此乃毕加索笔下的杰作吗？你认识毕加索吗？

业主：当然。但卧室里的铁栅栏是不是有些多余啊？何况，也没有必要在卧室里安防盗门啊。

大师：婚姻可是爱情的囚车，难道你不这么认为吗？至于防盗门，考虑到您和您先生婚姻的安全系数，乃不得已而为之。

业主无语……

金钱诚可贵，舒适价更高，要是不顺眼，就是省再多的钱也是徒劳。所以，在省钱的基础上，舒适也是不可忽略的，这样才是有意义的省钱。

在布置家居之前，一定要做好计划，将想要购买的东西、数量以及期望值都一一列出来。如果牵涉到尺寸问题，则需测量清楚家里空间的尺寸。到了真正购买的时候，可以到一些品牌集中的大型家居建材城，不但省时，而且能够货比三家。

对新婚居室的装饰，切不可急于一时，在对室内空间的规划上以及家具的采买上，都应多加考虑，做一些必要的预留空间。想要节省得更多，就要利用好节假日，此时，一般的建材家居城都会有一定的促销活动，运气好的话，说不定会在高档品牌中瞄到特例品。只要其色调风格符合你的规划，便可立即购买，品质好，还省钱，赚大发啦！还有，往往单件购买的东西比成批购买的要贵许多，所以，可以采取化零为整的措施，相同性质的东西如能于一家购买，也许会有意想不到的折扣。当然，也可结伴同购，量大了，折扣会更大。

咱好不容易装了个房，不搞得像样点，都对不起咱这张脸！但是咱又不是百万富翁，没有那么多钱往脸上贴着，所以在家居的布置上便要走节约的道路了。布置家居就是要在色彩搭配、协调度、舒适度、风格下功夫，让人一看就说："嘿！还真对得起咱这张脸！"这才是有意义、有价值的省钱！

6 穷人借钱给富人，中国人见到美国人就喊“还钱还钱”

开心一刻

中国现状：

孩子生不起，剖腹一刀五千起；书本读不起，选个学校三万起；房子住不起，一万多块一平米；老婆娶不起，没房没车谁嫁你？家人养不起，父母下岗儿下地；大病生不起，药费利润十倍起；大命活不起，一月辛劳一千起；小命死不起，火化下葬一万起。

八大字总结：求生不得，求死不能！

穷人借钱给富人？

新华日报曾经这样说，穷人舍不得花钱，然后把钱存到银行里，然后富人通过一定的手续去银行贷款，这样就挣到更多的钱，这就是所谓的穷人借钱给富人。其实，穷人是借不到钱的，因为他们没有值钱的东西可以抵押。这导致穷人越来越穷，富人越来越富。

衣：

富人的穿着比穷人好太多了，穷人大热天可以只穿个裤头满街跑，而富人必须西装革履。

食：

富人比穷人吃得好太多了，但他们没有穷人吃得多，他们只能吃一

小碗米或是 1/2 个馒头，而穷人则是一大碗米饭或是四个大馒头。

住：

富人的房子很宽敞，房间也多、用途也广，但很多的富人总是往穷人那里盖房子，说是环境好、空气清新。

行：

富人们坐的是汽车，四个轮的或是更多，穷人只是两个轮的自行车、摩托车或是三个轮的三轮车。总的来说没啥不同，只是轮子的数量不同罢了。

喝：

富人不经常喝酒，但一喝就是五粮液、茅台……穷人每天大都喝一点，但不过只是二锅头、烧刀子，或是自己酿的酒，虽然便宜，但绝无假货。

中国乃是美国最大的债权国，共持有 8000 亿的美国国债，真是穷人借钱给富人了。所以，美国越来越有钱。穷人最大的隐患便是舍不得花钱，一有钱就存进银行，因为他们消化不了这么多的钱，更不知道该如何去用，所以，只能让富人帮忙支配。

从另一方面来说，就是穷人穷惯了，甚至可以说是不敢花钱。而富人则恰好相反，富人总是想方设法地去找钱源，然后用借来的钱致富，最终成为更为富有的人，而中国缺少的就是这样的人才。

唉……原来中国人民的省吃俭用、舍不得花一分钱，最终只是为了要拯救美国，让他们维持着自己的富裕生活，然后来中国买布料罢了。

马克斯·韦伯在分析财富伦理时曾经指出，只有当人们普遍心怀感激与敬畏地对待财富，用正当、合理的途径创造财富，以有利于社会的方式使用财富时，一个社会才会具有与现代化文明相对称的财富伦理水平，才能使市场经济的健康发展以及社会的良性运行成为可能。

观念决定穷与富

观念决定着你是富有还是贫穷，这是理财者必须谨记的基本原则。俗话说："人往高处走，水往低处流。"人往高处走，这是天经地义的想法，所以，富人已经爬到了高地，而穷人还待在沟子里，只有接受的份儿。

富人送给穷人一头牛，穷人从此满怀希望地开始奋斗，但人要吃饭、牛要吃草，穷人的日子异常艰难。最终，穷人把牛卖了，然后买了几只羊，自己吃了一只，剩下的用来生小羊。

过了很久，羊儿迟迟都没有生小羊，穷人的日子又艰难了起来。然后，穷人把羊也卖了，而后买了几只鸡。穷人想利用鸡生蛋来赚钱，但日子依然没有改变。最后，穷人把鸡也杀光了，穷人的理想彻底崩溃了。

这就是穷人的观念，可悲、可气，而富人则不同，他们在没钱的时候，不管有多困难，总是能够找到赚钱的方法。

穷人之所以会穷，是因为他们即使有钱也舍不得拿出来，他们总担心钱飞了，回到穷日子里。即使他们下定决心去投资，也会因风险太大而走不出这一步。所以，只能紧紧地抱着自己的钱，认为少用就是多赚。说白了，穷人最为津津乐道的就是鸡生蛋，一本万利，但建立在一只母鸡上的希望毕竟是脆弱不堪的。而富人则是万本万利，做得不好则万本一利，做得好则万本亿利。总之，他们舍得去花那个本儿。可以说，穷人是想得多、做得少，富人则是埋头做事、少说多做。

中国人普遍认为凡有一技之长，便可行走天下。所有的手艺都是从小练出来的，所以穷人很小就开始埋头苦干、艰苦奋斗，而富人却有闲散的资格。在现代，凡是能够搞出名堂的事情都是可以变成钱的，而且是越大钱越多，所以还是富人走在了前面。可见，有钱人越来越有钱，并不仅仅因为他们有资本；而天下饿不死手艺人，也只是饿不死而已。

人人都希望自己能够变成富人，然而却有很多人都达不到这个目标，为什么呢？并不是他们不知道该怎么做，而是他们不敢这样去做。他们总是有太多的顾虑，面对种种的不确定因素，他只想到了万一，进而越想越可怕。结果，无数的可能性就这样在他们的忧郁与担心中被扼杀。对于创业中的各种危险，人们都应该凭着自己的经验与本能，做出正确的选择。其实，失败也是一种宝贵的经历，从中可以得到经验，从而更加老练。所以，犯错误其实并不可怕，可怕的是对犯错误产生恐惧的心理。

很多人都因担心失败，更甚者会担心失去现有的稳定收入，最终落得个偷鸡不成蚀把米的结局，所以只希望自己可以稳稳当当地抱着自己现有的钱去过日子。但是，这些稳定的收入只能满足一个人的基本要求，并不能创造出更多的价值来。所以说，所谓的稳定收入已经成了很多人致富的障碍，就犹如人生的鸡肋，说白了还是缺乏胆量与自信。富有是要靠自己才能够得到的，正所谓舍不得孩子套不着狼，一味地退缩只会当一辈子的小穷人。

归根结底，我们要响应国家号召，马上树立起以大步迈向小康生活的理想，让自己远离穷人的称号，在实践中得到应有的锻炼，多一些经历、多一些老练，彻底地提高个人理财的能力。永远告别原地踏步、一分钱掰成两半花的痛苦生活，学会树立起自己的人生目标，争取早日成为新时代的财富巨子！

最安全、无公害的理财方式

在现实生活中，人们经常会把自己用不完的钱存到银行去。虽然利用银行储蓄进行财富积累很慢，但这种理财方式却是最安全的。不过，当储蓄达到一定量的时候，还需要定时帮助银行卡进行“减肥”，以达到理财的最佳效果。不要让自己的银行卡，吃得过胖、过重。

储蓄就是不断地积累财富

开心一刻

有一对非常恩爱的夫妇，热衷于储蓄，他们手中一有暂时花不着的钱就会存到银行。

一天，妻子突发奇想，对丈夫说："既然我们这么恩爱，何不在每次亲吻之后都拿10元钱放进储蓄罐里。这样不往银行跑也照样能存钱，最重要的是存钱的数目就是我们之间爱的见证，存得越多证明我们的感情越深。"丈夫觉得这是个不错的主意，就欣然应允了。

终于有一天，丈夫发现存钱罐满了。他迫不及待地砸碎了存钱罐，里面全是清一色的10元票子。突然，他看到了三张100元的。丈夫很恼怒，就质问妻子："我每次放进去的都是10元的，怎么会有100元的呢？"妻子不屑地白了他一眼："你以为每个人都像你那样小气啊！"

储蓄就是投资的蓄水池

储蓄之道就如同聚沙成塔、集腋成裘，它是一个积少成多的过程。虽然不会给人带来一夜暴富的惊喜，但却真的算得上是一种最安全的理财方式。常言道："黑猫白猫，逮住老鼠就是好猫。"运用好储蓄，也照样能为你聚拢钱财，储蓄的习惯将使你受益终生。南宋诗人陆游就大胆放言："农为四民之本，食居八政之先，丰歉无常，当有储蓄。"

小刚虽然还只是个刚满十岁的孩子，但在父母的影响下，他从小就养成了存钱的习惯。他总是把父母、长辈给的零花钱、逢年过节的小红包存进自己的储蓄罐。他的妹妹却总是从他的储蓄罐里“借钱”，这使小刚很是恼怒。

一次，小刚出去了，妹妹又在家里想办法“借钱”。她把哥哥的屋里翻了个底朝天，也没有找到哥哥的储蓄罐。实在太累了，她就想打开冰箱取一支冰激凌吃。一打开冰箱，她吃了一惊：这可真是得来毫不费功夫。哥哥的储蓄罐正安静地躺在冰箱里。更让她吃惊的是储蓄罐上贴了一张公告：“亲爱的妹妹，我希望你能理解我，不是我不想借钱给你，而是我的资产现在已经被冻结。”

一个十岁的孩子就懂得存钱了，而且还以“资产冻结”为理由阻止自己的妹妹偷拿储蓄罐中的钱。虽然看似很搞笑，但乐过之后，我们是不是也该反省一下？小孩子都知道不乱花钱，把手中的零钱存起来，更何况我们呢？

聪明的人，不论贫穷还是富有，都会把储蓄当做敛财之道。钱财无大小、多少之分，时间长了，小的会成大的，少的也会变多。即使你每月的工资很少，但你若能够把工资的20%储蓄起来，每月坚持不懈地存下去，存够一定时间也会有一笔不菲的财富。这就是定期存款所实现的财富积累。你若能一直保持储蓄的习惯，一定会受益匪浅的。

在今天这个消费膨胀的社会，人们的消费观念也越来越超前，信用卡透支过度的现象如同烟雾一般笼罩着整个社会，困扰着无数人的身心。在这种情况下，就更应该使用储蓄这种理财方式。人们拼命地工作赚钱不能仅仅为了消费，更是为了投资。储蓄就是在帮普通的人成为富翁，它以守代攻，在不会有任何损失的情况下先为人们积累财富，为日后的投资奠定基础。致富要趁早，储蓄更要趁早，早行动，早受益。

理财要从守财起，提前储蓄早做打算

很多人都有一种想法，那就是觉得理财只是有钱人的事，穷人手里原本就缺钱，谈何理财？但事实却刚好相反，人越穷才越要理财，储蓄就是穷人理财的第一步。细算一下，如果你从30岁开始，每月存进500元，按现在的存款利率，合理分析后，妥善存储，10年后将升至21万，20年后涨到32万，到60岁时，他手中就大概有了40万的资金。这确实是一笔不小的数目。

储蓄虽然是一种相对保守的理财方式，但它也最保险，能让人心里踏实，保证不会有晚上睡不着觉的情况出现。就连生活在国外，被西方文化"洋化"的中国人也开始重新审视储蓄。

小张的好朋友丽丽嫁给了一个美国佬，可神气啦！听说，老公两人一人一辆车，一到周末、节假日就出去潇洒，大把大把地花钱找乐子，五大洲四大洋都快被他们跑遍了。丽丽的一干好姐妹都快羡慕死她了，连做梦都想着丽丽在美国的逍遥生活。

不料，在一场席卷全球的金融风暴中，身为销售顾问的丽丽也不幸"中弹"了。失去工作的丽丽就回国省亲。丽丽的姐妹们肯定不会放过这个机会，要和丽丽切磋切磋。

多年不见的丽丽显然已经被洋化，言谈举止十足的美国味。谈到在美国的生活，丽丽一改先前的得意。她告诉姐妹们：他们在美国看似潇洒，其实是虚有外壳。漂亮的大别墅是租的，她和老公开的车也都是廉价货，连"夏利"的钱都不值。他们两人的工资加到一块也算是一笔不小的数目，但老外不懂得存钱，有几个钱全都拿去吃喝玩乐了。

这次金融危机一来，丽丽就傻眼了，一失业，只有出的钱没有进的钱，家里也没有老底，可把她急坏了。刚结婚时，她也劝过老公存钱，但老外的观念与她不同。老公告诉他，这是在美国，不用像在老家那样辛辛苦苦地攒钱，养儿防老，积谷防灾，只管享受就是了。丽丽当时也赞同了，可现在丽丽还是相信父母给她讲的话：吃不穷、穿不穷，算计不到就要受穷。她开始深信：钱还是要算计的，就连外星人也会把存钱的事放心上的。

和丽丽一样，许多年轻人在对待金钱问题时，也都抱着“船到桥头自然直”的心态，不为自己做钱财储备计划，想花就花。这也是很多人经济不能自立、理财遭遇障碍的主要原因。

其实，一个人能否理财致富与金钱的多寡并无太大关系，对它有重大影响的是理财时间的长短。一个人不论你收入有多高，若不懂得储蓄，迟早会有叫苦的一天。而一个收入低的人，若能坚持每月存款，成为富翁也不是难事。

其实，幸福生活就是一种感觉，它不取决于你收入的多寡，而取决于你内心的感受。一个成功的现代人，可以充分地运用智慧，不断地创造出奇迹，化腐朽为神奇，在有限的货币上营造出无限浪漫的人生，而储蓄则是明显使自身美好人生感不断上升的最佳途径。

钱多了，可以为国家做做贡献，储蓄起来

开心一刻

等我有钱了，我买两栋房子，一栋自己住，一栋串门，我想待家就待家，想串门就串门。

等我有钱了，我吃鱼点两条，一条用来吃，一条用来养。

等我有钱了，我洗脚用两个盆子，一个洗左脚，一个洗右脚。

等我有钱了，我娶两个老婆，一个老婆挣钱给另一个老婆花。

等我有钱了，我做面膜用两个，一个贴脸上，一个贴屁股上。

等我有钱了，我买十三亿辆车，给中国人民一人发一辆，我去乘公交车看谁还跟我挤。

等我有钱了，我买两个笔记本，一台专挂QQ，一台就玩游戏。

等我有钱了，我雇两个保姆，一个伺候我，一个我伺候。

等我有钱了，我雇几百个人，分成两组，一组负责给我存钱，一组专门给我取钱，我让你想不排队都难。

等我有钱了，我买两辆宝马，一辆专门在前面开路，一辆负责在后面护驾，我在中间骑一辆自行车。

等我有钱了，我开两家公司，一家我做老板，一家我做员工，我想炒员工就炒员工，想炒老板就炒老板，我看你当老板的还牛不牛！

钱多了，还是储蓄起来好

随着生活水平的提高、致富方法的多样化，老百姓的腰包也逐渐鼓了起来。忙里偷闲的人们又开始闹腾了：手中有钱了，该怎么花啊？现在，理财已经成为人们的一种需求。要理财，首先就要从储蓄做起，储蓄是理财的第一步。懂得了储蓄之道，才能掌握理财之方。

从前，有一个非常富有的大地主。他非常喜欢金子，就把自己家中的黄金用一个大麻袋装起来，放在床底下，每天睡在金子上，感觉非常舒服。

时间长了，他觉得金子放在家里不放心：万一自己的金子被小偷给盗走了，怎么办？他苦思冥想，终于想出了一个好办法。他把这一袋金子运到野外，埋在了一片小树林里。这样就不引人注目了。但从此以后，他就闲不住了，隔几天就要跑到埋金子的地方看看。

一个小偷发现了地主的异常行踪，一天，地主又去看金子时，他就尾随其后。地主走后，他就溜了过来，使劲地往地下挖。

第二天，地主又去看金子时，只看到了一个又圆又大的坑。地主放声大哭，引来了不少人。一个生意人听说后骂道："真是个又笨又肥的猪，有钱不存钱庄存在地下，不偷你的偷谁的！"一个长者笑着说："我来帮你找金子。"长者命人搬来了一块大石头，把它涂成金黄色之后，填入那个坑中，对地主说："你不是喜欢看金子吗，这样就可以天天来看也不用担心被偷走了！"

这个地主真笨，你有钱不存钱庄就算了，你还不放在自己家里，不放自己家里也没啥，你偏偏埋到小树林的地下，埋进地下就埋吧，你还非得天天跑去看。你说，小偷不偷你偷谁，就是脑子缺根筋的小偷也能把你的金子偷走、给石头涂色的长者就聪明多了，你看你埋一包金子在地下，不会生出金子，也不

会从地下长出金子来，这与放一块金色的石头在地下有什么区别?

现代人手里有钱了，就要把钱利用起来，把钱放在家里与地主把钱埋在地下是一样的。你不理钱，钱不理你，利用好钱才能让钱生钱，坐在家里算着钱变多。储蓄就是一个最简单、最基本的理财之道，它一方面会有利率产生，另一方面使用起来也方便，还能保证财产安全。钱多了要理财，但在你掌握理财之道前把钱存起来也是一种最安全的理财策略。

储蓄，利国又利民

在市场经济条件下，货币能否流通顺畅，直接关系着生产的发展及各项经济活动的运行。货币流通中的现金流通是否适当，对于市场供求平衡、物价稳定、人民生活及社会的安定有着重要影响。而我国公民储蓄存款的一项重要作用就是调节货币流通。另外，进行适量储蓄也是一种很好的投资行为和良好的计划消费行为。储蓄存款，对国家有利，对个人有益。

有人说网恋利国利民，原因如下：

1. 有利于 GDP 的增长：虽然物价指数在上升，失业人数不断增多，我国的 GDP 的增长率仍相当可观。这与网恋关系重大。因为网恋，用电量明显增加，三峡的发电机组满负荷运转也不用担心收不回成本。因为网恋，电脑需求量猛增，使得杨元庆一鼓作气，收购了 IBM。

2. 有利于落实计划生育政策：在网上谈三个老婆也生不出一个小孩来，对人口大国中国的贡献是大大的。

3. 促进社会安定：网恋使得年轻人两耳不闻窗外事，一心只谈网上情。一个个被网恋收拾得服服帖帖、目不斜视、足不出户，两眼直盯电脑，还哪有时间外出捣乱?

网恋如今在社会上吵得沸沸扬扬，但你的声势再大也比不过储蓄。如果网恋都能与利国利民扯上关系了，那储蓄的作用就更为重要了。

储蓄存款就是把人们手中暂时不用的闲置资金收集起来，简单地说就是人们把钱借给了银行，一定时间后，银行不但要把本金还给你还得支付你一定的利息。储蓄存款利国利民主要表现在以下几点：

第一，方便了人们的生活，既不用担心钱多了放在家里不安全，又能获得利息。公民储蓄实际上就是公民借钱给银行，所以银行有向储户归还本金和支付利息的义务。

第二，银行在城乡各地都有储蓄网点，这方便人们生活的同时也能通过聚积居民手中闲置资金，为国家积累资金，支援现代化建设。

第三，它还能调节货币流通，促进供需平衡和物价稳定。

第四，还有利于培养人们科学合理的生活习惯，使人们理智消费，建立起健康文明的生活方式。

你一天存上 10 块钱，一年之后你会拥有 3650 块；你一个月存上 300 块钱，你一年就会拥有 3600 块钱。你存得越多，你花得越少。存款就和怀孕一样，时间久了才能看出来。所以，为了存折上再多添几个零，咱们还是做银行的忠实客户吧！

3 家庭储蓄需注意

开心一刻

这天，银行营业厅里来了一个可爱的老头。

这个老头要办一张储蓄卡，证件整理齐全后，银行柜员就让他输一下密码。

老头问道："密码是不是暗号啊？"

柜员觉得他挺有意思，就回答说："差不多。"

老头就对着密码输入器说了一声："石头！"

柜员以为老头在问她话，就又补充了一句："大爷，密码是六位数的。"

老头愣了一下，就对着密码输入器说道："石头石头石头石头石头石头！"

储蓄的资金尽量不要动用

不动用储蓄的资金，是理财的一个重要原则。有了一定数量的金融资产，经过一定时间的运作才能看到收益和效果。如若中途经常改变计划，往往会半途而废，起不到积累财富的作用，反而还添了不少麻烦。

一农民在银行里存了点钱，有事没事就往银行里跑。一日，他又推了自行车准备去银行。邻居见了就问道："他大叔，要出门了，这是去哪啊？""娃儿他妈病了，我怕手头上的钱不宽了，得去银行里取点。"没过几日，他家的母猪下了许多小猪，他又闲不住了，骑着车又往银行跑去，说是有小猪了，以后就得多买点饲料了，花钱也就多了。

刚好这天银行里的人特别多，办业务的人排了老长的队。眼看太阳就要落山了，他焦急得在银行里打转转。一保安看见了就对他说："你是不是取钱啊，要取钱就在取款机上取吧，不用排队等了。"

他听后，大喜，忙跑向取款机，在那里忙活了老半天才把钱取出来。

过了几天，家里的母鸡下了几窝小鸡，闲不住的他又开始往银行跑了，嘴里唠叨着："多了几窝小东西，就得多给买点食了，这还得去取钱。"到了银行，人还不少，保安就开始说了："存取款的客户可以直接去取款机办理。"他使劲地摇着头说："不行，你们的机子上说可以提供100元和50元的人民币，我上次取1000元，就取了10次，这家伙取钱太累人了！"

储蓄，尤其是定期储蓄最好不要轻易动用，最好是专款专用，如可把自己的账户分为养老金账户、备用金账户、教育金账户等，用什么钱就取哪个账户的款。如果没有一点计划、打算，只是盲目地把钱存进银行，需要用钱时就去取，是不能理财的。就像上面这位在银行存款的农民，家里多几只猪仔，下几窝小鸡就得去银行取钱，在他眼里完全把银行当成了存钱罐。如果都像他这样，还不如把钱直接存在家里，岂不省了跑路钱。

当你手头的流动资金不够用时，最好不要动用你定期存起来的那部分，世上没有过不去的坎，不用那笔钱也一样能过得去。只要你能想办法寻求生财之道，度过危机，这笔没有动用的钱就会给你创造出意想不到的财富。

储蓄是最简单的理财，在储蓄时还要制定一定的目标，方便管理，也要有一定的规划，知道钱什么时候该取，什么时候不该取。否则，存得勤，取得也勤，是实现不了致富目标的。只有落实了理财目标，存取有道，才不至于使自己的资产规模像坐电梯那样，上下几个回合，最后空欢喜一场。

有了目标就要坚持下去

储蓄，是一种投资，但它不像基金、股票类的投资见效非常快，它是一种速度较慢，没有任何风险，但需要持之以恒、不断坚持下去才能获得收益的投资、理财之道。

从前，有一个非常有爱心的富翁。他的一个亲戚很穷，他多次救济他们，但这家亲戚仍摆脱不了受穷的命运。聪明的富翁就想到了“授人以鱼不如授人以渔”。

于是，富翁就给了他这个亲戚一头耕牛，让他在自己的地盘上开荒，富翁答应他把他开的荒地全部送予他，并给他种子让他种上庄稼自由收获。富翁以为这样足以使亲戚摆脱困境了，内心十分高兴，兴奋地期待着。

他的穷亲戚也显得非常兴奋，有了一头牛，自己又可以随意开荒，不久就能过上好日子了。怀着美梦，穷人开始了自己的开荒之旅。前几天，他很努力地干着，可是没过几天，他的思想就动摇了。开荒种地虽是生存的长远之计，但，是个人就得吃饭，整天开荒不吃饭，地开出来了，人不就饿死了吗？不如先把牛卖了，买几只猪养着，自己可以给猪割野草吃。这样既能吃到肉又不耽误赚钱，猪一长大就可以卖掉了。

他把牛卖掉，换成了猪。过了不久，他又觉得猪长得太慢了，来钱太慢跟不上自己吃饭。于是，他又把猪卖掉，换成了鸡。心想，鸡即使下蛋慢，至少会下蛋，蛋也可以用来卖钱。在以后的日子里，过得艰难了他就杀一只鸡吃，鸡还没有下蛋就快被他给吃完了。眼看日子快要过不下去了，他又卖了两只鸡买回些鸡蛋，准备孵小鸡。可小鸡还没有孵出来，鸡蛋又快被他吃完了。

播种的季节到了，富翁满怀希望地带着种子来看他的亲戚。映入他眼帘的却只是一角开过的但又长满野草的荒地，院子里他的亲戚仍旧是穷困不堪，独守着一只鸡和几只蛋。

穷人之所以穷，并非是因为他没有一颗成为富人的心。富裕的生活是人人都梦想的，富人也都是由穷人而来的，他们的区别就在于成为富人的那些穷人有一颗坚定的心，他们有目标，并能坚持下去，用毅力来获取最后的胜利。而不能成为富人的那些穷人则是目光短浅、有始无终，即使有了目标也不能坚持下去，最终半途而废。

做任何事都要有毅力，必须能够克服自己的懒惰心理，培养良好的习惯。储蓄更是如此，它是需要花很长时间，甚至一辈子的时间去做的事情，一个月两个月的时间是不会有什么成效的。把储蓄当成一种习惯，把握现在，放眼未来，不为眼前的困难所阻，坚持下去就一定会有收获。储蓄养成习惯，积少成多就会成为一笔财富。日久天长，财富不断积累、增多，你就会变成一个名副其实的富翁。

储蓄是一项长期性的运动，这是一项集合了家庭众员之力、集合了虐待自己不去购买不必要商品的自持力、集合了锻炼自己每月跑一趟银行的毅力的全民性运动。同志们，为了实现家庭生活水平向着小康进发，为了让我们未来的生活更有保障，大家一起来存吧！

4 储蓄就是让自己的钱生钱，利润最大化

开心一刻

让你的存款直线上升的方法：

1. 从今天起自己做早饭，可以把昨天的剩饭做成泡饭，外加就咸菜。

2. 坐车就坐普通车，空调车千万坐不得，当然最好还是骑自行车。

3. 老婆吃零食吗？以后就改成喝水吧，既省钱又美容。老公抽烟吗？抽烟的就戒了吧，既浪费钱又伤身，一不小心惹老婆生气还得挨抽，何必呢？

4. 家里有洗衣机吗？快别用了，那家伙太费水了，简直就是个喝水的机器，用了它水费就得多交好多呢！

5. 是不是每天都洗澡啊？太奢侈了，一周洗一次就足够了，洗完澡的水刚好可以用来洗一周的脏衣服。

6. 平常都用什么化妆品？是国产的还是进口的？以后就改用儿童霜吧，一块一袋，价格公道，产品实惠。是男人的话，以后剃须膏或水就不要用了，头发最好剃个光头，好长时间都不用去理发。

7. 孩子吃多少钱一袋的奶粉？十元一袋就够了，也不用给他吃什么鱼粉、钙粉之类的东西了，跟着大人吃些青菜、萝卜、米饭就很不错了，旧社会的孩子连这些也没得吃，不照样长得好好的吗？

8. 电话一定不要打，有事发信息就行，或者有事到单位用公司电话打。把单位的垃圾袋拿回家些就不用买了，单位的打印纸带回家使劲揉揉就能当手纸用；每天带些单位的洗手液就省了买肥皂、洗衣粉的钱。

9. 周末逛街，遇到赠送东西的，千万要记着老公、老婆、宝宝一定要分开，这样就可以得到三份了。

让自己的钱生钱

储蓄是一种最基本的理财，它的收益虽不像股票、基金那样见效快，但只要把储蓄做成一种投资，存钱有术，取钱有道，一样可以获得较高收益，轻轻松松让自己的钱生钱。

邻居这几年靠种植绿色蔬菜发了财，两口子就商量着要把钱存进银行。

老婆对老公说："这几年，咱手上的闲钱不少了，该存起来了。"

老公回答道："是啊，就像鸡生蛋，蛋变鸡一样。咱们也可以让咱们的钱生钱，越变越多，就不愁没钱花了。"

凑巧两人的谈话被他们五岁的儿子听到了。儿子跑到自己的房间一把拿起自己的存钱罐，把里边的硬币、票子全都取了出来。

第二天，妻子在整理儿子房间时，发现儿子的零花钱都盖在被子下面，很是不解，就把儿子叫过来询问。

儿子理直气壮地说："不是你们说钱也可以生钱的吗？我也要让我的钱再生出些钱来！"

每个人都希望自己的钱能生钱，但是钱肯定不会像小孩想的那样，盖在被子下面就会生出钱来。钱要在人们了解理财产品的前提下，把它们运营起来才能生出钱来。

人们对银行了解最多的就是银行的柜台储蓄，它是银行的立命之本也是消费者的生活必需品，人们的工资、医保、公积金等都要通过银行存取。但今天的银行已不仅仅是储蓄功能，它也在慢慢地向理财转型。如它推出的通知存款、定期储蓄、定活两便储蓄、教育储蓄等，这些产品不仅没有任何风险，而且还能使顾客根据自己的需要，合理存取，在储蓄业务中也能有利可图，而且能够追寻利润最大化。

目前，各个银行都会推出一些自己的特色产品。许多银行发行的人民币理财倾向的短期产品，计息、结息的灵活性都很强。如某行发行的人民币理财产品年预期收益为2.5%，它的理财循环周期为一个月，每个月都会结息一次，而且支取也是非常灵活的。为了方便民众，收拢更多的资金，银行都会发行一些收益很高的投资产品，人们平常要多关注银行的理财产品，事先有所准备，才能在理财浪潮中让自己的钱生出更多的钱。

另外，在存钱的时候要尽量避免提前支取。如果存折是在以前高利率时存入的，遇到急需用钱而存单又未到期时，不要提前支取。因为若提前支取，利息就会按活期存款的利率计算，很不划算的。可以用存单做抵押到银行贷款，等存单到期后再取出归还贷款。但这样做的前提是贷款的利息低于存款的利息，如若到时需要归还的贷款利息比自己得到的存款利息还要高，就采取部分提前支取的方法。这样提出的部分按活期存款计息，余下的存款银行将会另开一张新存单，但仍以原存入日为起息日，这一部分的定期存款的利息就不会受到损失。

把钱放在自己的手边，难保不被大手大脚的你花光，到头来挣多少花多少，一文不剩，遇到急难的事情时束手无策。但是若是把手头的钱存到银行，不但安全无忧，而且能使你的钱生钱，从而获得更多的利润，何乐而不为呢？

存钱有方，生财有望

钱生钱并不是奢望，只要你选取了正确的储蓄方式就能梦想成真。同是存钱，一般人有一般人的存法，高人有高招，高手的算盘一定打得甚为精细，而那些不会“算计”的人就要失去许多积累财富的机会。

老张是个不折不扣的老股民，他经常奋战在股市前线，一副唯我独尊的样子。可这次，他也遇到麻烦了，股市的行情一直不好，大家伙都在商量着要把股市中的钱暂时给转出来。

老张的股友王胖子这天也来找老张商量对策，王胖子对老张说：“老弟啊,我看这行情可不行,估计两三星期都不会有像样的行情了,咱们也得做好持币观望的准备了。”

老张一副不屑一顾的样子:“拉倒吧!依我看几天内局势就会扭转。你别跟着他们瞎起哄,人家放个屁你就在这拉屎。咱们要有自己的主张,他们往东咱就往西,这就叫独辟蹊径。真理总是掌握在少数人手里的,我在股市上也晃荡两三年了,这点经验还是有的。

王胖子见老张不听劝,就不再说他了。自己跑到银行办了个七天通知存款的业务,把股市中的钱暂时转入七天通知存款账户。这可比银行的活期存款利率要高得多,趁股市行情不好自己还能从银行赚一把,真是炒股、存钱两不误。

老张不听王胖子的劝告,这次吃了大亏,当得知王胖子把股市的钱转入了银行储蓄起来时还笑话王胖子:“银行的利率那么低,你存那么几天还不够费事呢!真是个榆木疙瘩!”他哪知道人家办的可是七天通知存款,利息可比活期利息要高得多呢!

这就是存钱方法的问题了,同样数目的钱,你用不同的方式储蓄,最后的结果也一定是不一样的。王胖子若转存为活期存款,利息肯定少得可怜,但善于分析的人往往能得到最大化的利润。下面介绍几种能获得高额利润的储蓄方法。

存本取息:让你实现“利滚利”。假如你手上有一笔数目较大的闲置资金,可以选择把这笔钱存为存本取息的账户,一个月后,取出第一个月的利息,新开一个整存整取的储蓄账户,把取出的利息存进里面。以后每个月取出利息后,都将利息存入这个整存整取账户。这样不仅存本取息储蓄有利息可图,就连其利息也在参加整存整取储蓄后又取得了利息,从而实现了资金的循环利用。这种储蓄方式使每一分钱都滚动了起来,大大增加了自己的收益。

阶梯存钱:为你赚得高额利息。阶梯存钱法可以使存单的到期额度保持等量平衡,具有非常强的计划性,而且也能获得高利息。储蓄者可以把资金分成5等份,分别按1、2、3、4、5年定期存5张存单。一年之后,把到期的一年定

期存单续存并改为5年定期；第二年过后，把两年定期的存单也续存并改为5年期。这样，依此类推，5年之后，5张存单就都变成了5年期的定期存单，而且每年都会有一张存单到期，不会耽误应急使用。

通知存款：让你的利息倍增。银行通知存款不需要事先约定存期，但支取时需要提前通知银行。但是它要求存款金额的量要多，如7天通知存款的存款起步金额是5万元。目前，银行的通知存款有1天通知存款和7天通知存款，1天通知存款的利率是0.81%，7天通知存款的利率是1.35%，但不论是哪一种都要大大高于活期储蓄利率0.36%。以7天通知存款的利率计算，将是活期存款存7天所得利息的近4倍之多。通知存款的取款灵活性几乎可以与活期存款相媲美，它所获得的利息也将远远高出活期存款。但是人民币通知存款有最低起存、最低支取和最低留金额，均为5万元，外币最低起存金额为1000美元等值外币。这种存款方式仅适合存款金额较多且要求资金有很强流动性的客户。

自己的血汗钱交到银行里，怎么说也算是某种意义上的交到别人手里，所以，在交上去之前，一定要学会先算计一下，让自己找到最高的获利方案。只要存之有方，你也一样可以将自己塞进富翁的行列中！

5 银行卡也需要定期“减肥”

开心一刻

21世纪是信息的时代也是卡的时代，进入了卡时代，大家的包包里都装满了卡，美其名曰：绿色消费。

卡时代的确给人们带来了很多便利，但随之而来也带来不少烦恼。王女士向大家展示了自己的卡之家：

1. 我的工资卡：广发卡
2. 丈夫工资卡：工行卡，外加车用卡：牡丹中油卡
3. 炒股专用卡：交行卡以及海通卡
4. 购买直销基金专用卡：农行卡
5. 购买上投公司基金：建行卡+龙卡
6. 医疗保险卡：两人每人一个
7. 公司发的福利：充值优惠购书卡
8. 当地两家最大商场的会员卡

9. 家门口两家大型超市会员卡(几乎每隔两天就要用到一次)

10. 美容专用卡(每周必用)

11. 美发卡(老公和我每周都要用)

还有一张"睡眠卡":中国银行卡,整日躺在家里都没用过。

整整十七张卡,王女士的钱包总是被塞得鼓鼓的,出门也整天把它们带在身边,还得一个个像宝贝似的把它们放好,一旦消磁了就更坏事。

唉,卡时代,真不知道是卡服务人还是人服务卡!

卡时代,钱包不堪重负

如今,持卡的人越来越多,各式各样的银行卡钻进了人们的口袋:牡丹卡、金穗卡、龙卡、阳光卡……卡时代如春风般迎面而来,人们吃饭不用掏现金了,取款不用去银行了,购物直接刷卡,给车加油也不用钱了……只要有卡在手,走遍世界也不怕。

还有许多人似乎成了收藏银行卡的专家,钱包里五花八门的银行卡一大串,这个卡是用来发工资的,这张是代缴水电费的,那个红的是扣缴住房贷款的……似乎离开了卡就不能过了。他哪知钱包在暗暗叫苦:唉,如今人们的压力大了,还不让我消停,把我的压力也搞得这么大,我又不是人,怎么能撑得下去啊!

一名女士与一名男士在商场排队结账,两个钱包相遇了。

女士的手中是一个漂亮的红色钱夹,男士手中拿的是一个做工精细的黑色钱包。

黑色钱包先开口说话了:"Hi,美女!你看起来真美丽!"

红色钱夹笑着说:"你看起来也不错啊!"

黑色钱包叹了一口气说:"唉,别提了!我们男人的担子是越来越重了,我原来长得很健壮,你看看现在都被那些卡片给压垮了,四肢发软、少气无力的,哪还有男子汉气概啊!"

红色钱夹一听这话，内心的委屈顿时涌上了心头，眼泪也禁不住流了下来。黑色钱包连忙劝慰："妹妹，别哭，有话慢慢说。"

红色钱夹哽噎着说："在玻璃橱窗中待嫁时，我还是一个窈窕美女，细腰瘦腿的，人见人爱。你看自从跟了新主人，就接连不断地被插入各种卡，先是腰变粗了，身子变大了，现在就连肚子也鼓了起来，不知道的人还以为是……你说可叫我以后怎么见人啊！"说完，又哭了起来。

黑色钱包感叹道："原来女人也有女人的苦啊，我原来只知道我们男人的担子重，原来你们女人也为人类作出了不少牺牲啊！

的确，进入卡时代，不论男人还是女人，钱包里总少不了各式各样的卡。有商家发的购物卡，然而最多的还是银行卡。目前，银行发的卡一般有借记卡和贷记卡两种，普通消费者接触的也都是借记卡和贷记卡。但是借记卡按等级不同又可分为普通卡、金卡、白金卡等；按使用范围可以分为国内卡和国际卡。贷记卡按功能不同要分为普通信用卡、联名信用卡、主题信用卡；按币种不同可分为单币种信用卡和双币种信用卡。按发卡组织的不同又有银联标准卡、维萨卡、万事达卡等。

卡的种类各式各样，再加上各银行为了吸引客户，推行各种优惠政策鼓动人们办卡，如有些银行会在办公大楼、大型购物商场等人群密集的地方设立宣传处为人们免费办理信用卡，而且办卡的人都能得到由银行赠送的一份精美礼品。事实上，很多用户对各大银行不是特别了解，办卡比较盲目，以至于在很多家银行都办理了银行卡。种种原因导致各色银行卡纷纷涌进自己的钱包，久而久之，很多人就不由自主地成了卡奴。

如果你放纵自己的刷卡欲望，那么短暂的快乐之后，你就会陷入痛苦的债务之中。克制住自己一时的欲望，不要因为瞬间的快感使自己负债累累！

银行卡"减肥"，势在必行

银行卡多就一定是财富的象征吗？不一定。相反，持有多张银行卡还不利

于个人资金的管理。不同银行间的银行卡往往会造成个人资金的分散，需要对账、换卡和挂失时，更是需要在不同的银行之间来回奔波，耗费了人们大量的精力、时间。

另外，很多银行会对功能单一的借记卡收取年费，对余额不多的账户还会收取小额账户管理费……银行附加的各种费用让很多持卡人无端添加了不少的持卡成本。对于持有很多激活信用卡的用户，被扣了年费还不算，还增加了过度消费及信用卡遗失的风险。而且，银行卡太多密码的记忆也成了一个让人头疼的问题，许多人因为忘记密码吃了不少亏。信用卡太多，忘了还款而影响诚信记录的事情也时有发生。银行卡“减肥”已成为一种趋势。

丽丽是个办公室工作者，整天坐着，不用怎么动，人长得挺机灵就是胖胖的，看着不太舒服。她的钱夹里装满了一张张银行卡，也是胖胖的，与她倒挺般配。

冬天到了，丽丽不敢穿太厚的衣服，自己本来就胖，再穿那么厚就几乎成圆的了。一到办公室，她就会脱去大外套，让自己尽量看上去苗条些。于是她的钱包就有意见了：就知道想着自己，怎么也不想想我，看你把我整得简直像个大胖子，也不给我脱去些内衣。

夏天快要来了，丽丽看看自己肥肥的身体，真担心到时候穿不了裙子。为此，她决定减肥，她来到健身房，征询了健身师的意见后就又办了一张卡，专门用于健身时的消费。这下可把钱夹给气坏了：你自己减肥也就算了，你不给我减肥，反倒又给我增重，这是什么意思？

钱夹本来就被塞得很鼓，再加之这一气，嘶的一下，裂了一道缝。

钱夹被卡撑得太满，很容易破裂，当手中的银行卡太多时也很容易发生不和谐的事情。专业人士认为每个人应根据自身情况的不同选择适合的卡，如经常出国的朋友可办双币信用卡，爱旅游的人可以办理携程联名信用卡，经常出差的商业人士可办理航空联名信用卡……但办卡不要太多，普通消费者办两三张信用卡就够用了，借记卡也只需三五张就够了，过多的可以做销户处理。理财师建议有家庭的可以以家庭为单位，夫妻双方合办一张卡，建立一个主账户，在这个账户上进行集中理财，既便于管理也减少了许多不必要的麻烦。

聪明的人应学会科学地清理手中的银行卡。人们之所以持有很多张银行卡，最大理由莫过于卡的用途不同。如 ATM 取款、扣缴住房贷款、代缴水电费等都要用不同的银行卡。如果对功能不同的银行卡进行整理，尽量将多张卡的功能进行整合：如申办信用卡时可选择自己代发工资的银行，这样就可用工资卡办理自动还款业务，省了不少事；像水电费、煤气费等可交给办理房贷的银行。这样一来，就用不着那么多银行卡了。

另外，目前各个银行的综合服务功能逐步完善，很多银行都推出了一卡多用的银行卡。客户可以直接到银行开办“一卡通”业务，用一张银行卡就可以办理取款、缴费、转账、消费等很多业务。

小小卡片用处大，管好自己的银行卡，不要一心动就行动，否则你就会成为银行卡的“奴隶”。定期精简你的银行卡，不要让它超出你的承受范围，从而为自己“裁”出一片轻松快乐的财富天空！

存款选对方式最划算

开心一刻

一天，我到银行去存款，来到营业厅看到有很多人在排队，只得去旁边的ATM机上去存。

我找到了一个自动存取款机，把卡往里边插了几次，上面的显示都是只能取款，没有存款的项。一向性急的我就开始抱怨起来：一定是机器又坏了。我冲里边喊道："里边这么多人，怎么ATM机坏了，也没人管？"

营业员及里边的保安都没吭声，我心里想：这银行，人的素质还都挺高的嘛，我就不与你们计较了。

我拿着卡，取了号，坐在营业厅等待。轮到我了，我急步上前，递上卡，对营业员道："存钱。"

营业员奇怪地看了我一眼道："不好意思，先生，我们不受理外行卡存款。"

我一看，哎呀，我来得太急了，拿错银行卡了。

存款方式的误区

随着银行的普及、人们生活水平的提高，越来越多的人选择了将钱存入银行。知道存钱是一件好事，但是大多只知存钱不知管理，不懂得选择存款方式就会无利可图。

老王和老李是同事，两人关系不错，下班后，经常一块喝个小酒。

一日，两人又一块去喝酒。酒过三巡，老王对老李说："老弟，不瞒你说，这几十年来，我在银行存的钱光利息就能买一套豪华的房子了。"

老李不信，嘴一撇："别哄我了，喝醉了就把自己当大老板不成！"

老王急了："我说的可是真的，不信你去问孩子她妈。我要是骗你，我就是那王八。"

见老王这样一说，还倒是真的。老李哽咽起来："老兄呀，咱俩拿一样的工资，我咋就没存出那么多钱呢。前几天，孩儿她妈还因为我存的钱不够养老，要和我闹离婚呢！"

同样是存钱，方法不同得到的利润也不同。生活中人们存钱的一大误区就是存钱只图方便。有些人为了方便支取，常常会把数千元乃至上万元钱都存入活期。这样一来，方便是方便了，但同时也失去了不少收益。目前银行的活期存款年利率仅为0.36%，三个月定存利率为1.98%，一年期利率为2.52%，二年期利率为3.06%，五年期的利率就高达3.87%。假如说同样是5万元，你将其进行活期存款和定期存款是完全不同的，之间的利息差距是很明显的。

有些人看到存款期限越长，利率就越高，就会选择长期存款。其实，存期越长不一定越划算。不少人会被长期存款的高额利息所吸引，为了得到更多利息就把大量存款集中到三年期和五年期这些利率较高的定期存款上。这种做法，忽视了自己预期使用的时间，过于盲目，一旦需要用钱就得办理提前支取。而提前支取时，存期越长，利息就越吃亏。因为银行会按照规定对你提前支取部分的利率按活期利率来算，即使你已经存了很长时间，但只要没到规定期限，就必须依此执行。因而，个人存款时，一定要充分考虑自身情况，选择合适的期限和类型。

就当前银行利率情况来看，定期存款的客户选择短期较有益。目前的利率已经很低，而且一年期的存款利率与五年期的存款利率相差也并不是很多。存短期的话，一旦需要可以早一点提出来。而且，目前存款利率下调的空间较小，如果政府上调利率，短期存款的客户可以在到期后就把本息取出另存，不吃亏，长期存款客户就要受到一定的损失。

在存款的时候，存款方式一定要根据你的自身情况量身订做，只有这样，你的财富才能最大限度的增值。只要你计算到位，财富就会到位了！

存款要选对方式

去银行存款是一件很简单的事，但划算不划算却是另一回事。很多人往银行跑得挺勤，就是不见账户上的票子往上涨。这就是不懂窍门惹的祸，只是白跑腿，不知道算计。你不计算钱，钱就会算计你，它就是不让你发财。

郑浩参加工作已经有四五年了，他自称工资卡上的存款已经高达20万，可只见存款在涨，不见利息有动静。

一日，他的朋友来访，两人就谈起了存款的事。

朋友说："没想到如今存款也成了一种赚钱工具了，我手上有十多张存单，一年下来光利息就拿不少，也不耽误用钱。"

郑浩很惭愧，他对朋友说，他只有单位统一办理的一张工资卡，工资每月都会准时打到上面，他用钱时就去取，不用的就放在上面不管。他的工资较高，除去开销，一个月差不多能存4000多块钱。如今卡上金额已攒到20多万了，可利息却少得可怜。

朋友听后，觉得他实在傻得厉害，就骂他道："你真是个猪脑子！活期存款的利息少得可怜。别说你20万了，就是100万也不会有多少利息。想靠那少的几乎能够忽略不计的利息发财，你是痴人做梦。"

的确，不选取适当的存款方式就很难实现利益最大化，白白地让本来能够得到的收益无辜地流走了。如果掌握了合理的存款方式，不仅取款方便，还能有更多的"利"可图。在这里给大家介绍几种比较划算的存款方式，在存款时可以作为参考。

"滚雪球"式的存款方式，即循环性地存入定期存款。这种存款方式操作起来比较简单，但要能坚持下去。它要求你每月都将家中的余钱存为一年定期存款。这样下来，一年后手中刚好有12张存单，而且每个月都会有一张存款到期。如若需要用钱可以取出来用，暂时用不到时就把到期的存款连利息及手头上余钱一块再转存为一年定期。这种循环的存钱方式既能够使每个月剩余的资金不至于闲置，又能保证每个月都有现钱可用。

选择短期自动转存的存款方式。为了方便客户，现在许多银行都推出了自动转存服务。客户在存款时先了解一下银行有无自动转存业务，选择本金利息都能自动转存的银行有三大好处：

1. 不用月月跑银行，可以省去不必要的麻烦；

2. 避免了存款到期后不及时转存，逾期部分按活期计息的损失；

3. 存款到期后不久，如遇到利率下调的情况，但又未约定自动转存的，再存时就要按下调后的利率计息，而事先约定自动转存的，就能按下调前较高的利率计息。如果客户发现存款到期后利率上调，则可以取出来后再存。

对于“月光族”或没有存钱习惯的人来说，可以选取强制性存款零存整取储蓄。这是一种定期存款方式。它要求客户每月存入一次，5元起存，每月存入的金额由客户自己决定，到期后支取本息。这种方式可以约束人们控制自己的消费，帮助人们养成一种“节流”的习惯，对那些不喜欢存钱的人来说是个不错的选择。

对手中有一定资金，数量不是太多又不确定使用时间的可采用交替储蓄。如你手中有6万元，可分成两等份，每份3万元。然后分别将其存成半年期和一年期的定期存款。半年后，将到期的半年期存款改存成一年期的存款，并将两张一年期的存单都设定为自动转存。这样交替储蓄，循环周期为半年，每半年就会有一张一年期的存款到期可取，这样也可以让自己有钱应急。

虽然银行的利息不值得咱回眸一笑，但是不管多少，那也算是笔小钱儿，总比没有强。掌握合理的存款方式，才能更有利可图。选对存款方式往往比你手中资金的量更重要，这种聪明人更应该注重“算计”存款方式，为嘛？为的是得利高哇！

为生活增添保障？当然是保险了

一份保单，成就一个人一生的平安。随着生活水平越来越高，人们对自身的安全也越来越重视。很多人都会选择给自己或者家人买几份保险，以保证自己与家人的生活、利益得到保障。然而，保险的种类非常多，因此在购买保险时，需要先对其进行深入的了解。否则，保险也有可能不能保证你的利益，反而使你的利益失去保障！

上份保险，得份安心

开心一刻

亨特先生被派往美国新兵培训中心推广军人保险。听过他演讲的新兵100%都会自愿购买保险，从来没有推广保险的人可以做到这么高的成功率，人们想知道他是怎样达到这样的效果的，于是悄悄地来到亨特演讲的教室外，听他是怎样对新兵讲解的。

"小伙子们，我要向你们解释军人保险带来的保障，"亨特说，"如果发生了战争，你不幸阵亡了，政府将会给你的家属赔偿20万美元。但如果你没有买保险，政府只会支付6000美元的抚恤金……"

"这有什么用，多少钱也换不回我的命，命可比钱重要多了。"下面有一个新兵沮丧地说。

"这你就想错了，"亨特不急不忙地说，"你想想看，如果发生了战争，政府会先派哪一种士兵上战场？是买了保险的还是没有买保险的呢？"

现在的生活你满意么？

就算现在你有很高的月工资，有房有车，可一旦出了意外，失去了工作，收入为零，仅凭银行中的存款，是很难应付生活的，这就会给家庭带来急剧的变化。你曾经满意的生活将不复存在。

船就要沉了，大副劝了几回，还有几位来自不同国家的商人仍旧不肯穿着救生衣跳水。船长只好亲自出马，过了片刻，船长回来说："他们全

都跳下去了。”

“您是怎么做到的呢？”大副对这个问题很好奇。

“我运用了心理学，我对英国人说，这是一项体育锻炼，于是他跳下去了；我对法国人说，这样做是非常潇洒的，于是他也跳下去了；我对德国人说，这是命令，他也下去了；对苏联人说这是革命行动，他也下去了。”

“那美国人呢？您是怎么样让美国人跳下去的？”

“我对他说，您已经被买过保险了……”

很多人都认为自己现在的生活过得不错，可是却没有想过万一遇上什么意外，该怎么办？生活中总是充满了不确定因素，特别是意外伤害，更是难以应付的。现在生活的再满意，出现了意外，原本有规律的生活就将被打破。

例如：一个家庭在结婚时购买了一套70万元的房子，夫妻俩在每月还4000元月供的时候，还是过得不错的。但天有不测风云，5年后的一场车祸，导致丈夫瘫痪，无法工作，这个时候，房贷和生活的压力就全部由妻子一个人承担，生活状况可以想见是多么糟糕。而如果丈夫在贷款的时候就购买了足够的人身意外、养老保险等保险产品，不但可以得到相应的保障金，保险公司还要替他归还尚未还完的部分贷款，生活就有了保障。而只要保障充分，即使没有钱交纳保险费，到了约定的年龄，也可以定额向保险公司领取养老金。

保险和未保险的生活，你觉得哪一个比较好呢？

虽然保险会花费一笔钱，如果无病无灾就等于是白白花费了，但是如果出了事，保单持有人也会因为这些意外而得到一笔相应的补偿。所以，保险不是生活的必需品，却是生活的必备品。

让自己没有后顾之忧

随着生活水平的不断提高，经济收入的不断增加，如何打理身边的“闲钱”，用今天的钱为明天做准备呢？为家人和自己购买一份保险，就是理财的一个途径。

妻子："你干吗穿上我的衣服，脑筋有毛病啊？被其他旅客看见了像什么样子，赶快脱下来。"

丈夫："嘘，安静些！你知道我没有买保险的啊，如果船出了事，你知道他们会先救女乘客的呀！"

保险是一种特殊的金融服务，它的作用只有在紧急情况下才能展现出来，而这些是其他的金融工具所不具备的。很多投资项目都需要有资金的支持和投入才能运行，而银行存款在面对重大的损失时，只是杯水车薪。这时候，保险的保障功能就表现得淋漓尽致了。

很多人在投保之前，都会详细地考虑这份保险的回报，并拿这份保险与银行的存款比较，甚至是与股票、基金的收益比较。其实这种方法是错误的，每一种金融工具所具有的功能都是不同的，有的只能满足某一领域的需求，这些理财产品之间是没有可比性的。大多数理财产品是建立在满足保障的基础上的，如果不能满足最基本的保障，保险就成了一种很好的办法。

朋友，你想后半生无忧吗？请买保险吧！朋友，你想每时每刻都为自己拴个安全带吗？请买保险吧！朋友，你想每分每秒都让自己处于安全的天空之下吗？请买保险吧！一份保险，也许不能免除你生活中的一切危难，但它却会在你危难时为你送上一块炭！不管您是不是身处雪中，有块炭总比两手空空好，所以，请买保险吧！

2 人人都喜欢钞票，钞票并非喜欢人人

开心一刻

一位漂亮的姑娘嫁给了与她年龄相差很大的老头。

有人不解地问她："像您这么漂亮的姑娘，怎么嫁给了这么个老头呢？"

姑娘回答说："人们需要用钱时，从来不看它的发行日期。"

钞票的好处

钞票的好处多啊，什么地方都要用到，只听过人们讨论钞票有这样那样的好处，还没有听人说过钞票有这样那样的坏处的，即便有，也是眼红别人钞票比自己多而出现的。所以，有这样的一句话："钞票不是万能的，但没有钞票是万万不能的。"

小王准备结婚，同事们商量送什么东西比较好，眼看小王婚期渐近，还没有头绪。

这天，吃完午饭，大家围着饭桌开起了圆桌会议。小张说："我主张送东西，实在。你们想啊，几年过去了，我们送的东西他仍旧在用。一用到东西就会想到我们，多有意义啊！"赵姐接话说："那送什么好呢？"小李说："水晶好啊，晶莹剔透，像他们的爱情一样，纯洁无瑕，多好。"

身边结过婚的小冯马上反对小李的意见："一看你就是不会过日子

的人,送水晶,是可以吃还是可以喝?送礼物当然要送实惠的,洗衣机、电冰箱、电视什么的,反正过日子总能用得到。”

这时候老王插话了:“你们说的都不好。水晶不实用,实用的东西不知道人家买了没买。我看啊,还是直接送钱好了,有了钱,喜欢水晶就买水晶,没有电视就买电视。你们说对不对?这年头,大俗就是大雅。”

最后大家一致决定直接送钱。老王这时候又说:“直接送钱不光有上面那些好处,还有一个更大的好处。”有人问:“什么好处?”老王说:“送东西所有参加婚礼的人一看就知道我们送的礼物大概在什么价位上,而送钱就不一样了,装在红包里,谁也看不出里面到底有多少钱啊!”

生活中用到钱的地方很多,无论是柴米油盐酱醋茶,还是衣、住、行,都离不开钱,甚至在有些地方,上厕所没有钱都不让进去。所以,无论去哪里,还是带些钱吧。虽然有“英雄不为五斗米折腰”的豪言,但是“一分钱难倒英雄汉”的事情也是经常发生的。

钞票是体现社会发展程度的一种方式。有了钱,可以充分地享受现代社会中的多种物质,可以买自己想要的任何东西,吃喜欢吃的任何东西。可以这样说:只要出的价码合适,世界上没有钱买不到的东西。

钱是人类最伟大的发明,不但可以衡量大部分具体事务的价值,也为人类的文明作出了重大的贡献,促进了社会的发展,正是钱的产生,让人发现物有所值,为了得到更多的钱来满足自己的欲望,人就会被激发出更多的潜能,从而赚更多的钱!

钞票可以让人寝食无忧么?

现实生活中,并不是每个人都可以拥有让自己一辈子都寝食无忧的钱。每个人因为能力、机遇的不同,所得到的回报也是不同的。如果没有足够的生活保障,在遇到意外的时候,就可能是惨淡人生了。

约翰先生与他的妻儿们开着一辆老爷车去野炊，但当他们走到一半的时候，车子正好在铁路的交叉口上抛锚了。正当他们不知所措之时，远处恰巧有一列火车开过来。于是，约翰先生的妻儿们都喊着要赶快弃车而逃，但是约翰却坚决不肯。他说："我才不会把价值5000块的汽车独自留在铁轨之上的。你们如果能够保持冷静的话，我可以让车子重新发动起来……"

然而，他弄了好长一会儿，汽车依然一动不动，而火车越来越近。他的妻儿们不顾一切地翻离跳出了汽车，约翰却待在车里一动不动。眼看火车就要撞上老爷车了，约翰突然大声叫着："凯西，万一我死了，保险箱的钥匙在我书房的莎士比亚全集后面……"这时火车突然刹车，约翰有幸免去一死。他自言自语道："唉，现在我又要另外找一个藏钥匙的地方了……"

有很多人不善于理财，手里有多少钱就花多少钱，从来没有想过自己将来万一哪天失去劳动能力后的状态。当一个家庭只有出项而没有入项的时候，情况就变得非常糟糕了。就算现在你手里有很多钱，谁又能保证自己不会将这些钱用到无谓的地方去呢？

世界上只有嫌自己手里钱少的人，没有人会认为自己的钱够多了。如果有，这种人在别人眼里，一定是精神有问题的。

人生最悲哀的事情是什么？你费尽心力赚钱，可到头来钱还是不够花！实乃人生一大憾事矣！"钱永远是不够的，并不是想要就能够有的。"钞票可有些不通人性，你再喜欢它，它也不一定会跟着你回家。因此，要是想让自己一生无忧，还是想想，怎么才能讨得钞票老兄的欢心，让它心甘情愿地跟自己回家吧！

给孩子买保险，钱要花在刀刃上

开心一刻

某保险公司刚刚成立了一家做人寿保险的分公司，为了招揽客户，还特意聘请了一位著名律师做法律顾问。此顾问在宣传业务的时候，这样对客户说："快买他们的保险吧，如果你不小心摔碎了门牙，就可得到3000元的赔偿；若是不慎摔断了腿，就可获得3万元的赔偿；若是扭断了脖子，您就会成为本镇最大的富翁了，到那个时候，我就只做您的私人顾问了。"

为孩子买保险的误区

如今，保险公司会推出很多针对孩子的险种，比如少儿成长计划、学生险等，其种类之多让人眼花缭乱。

美国哈佛大学的毕业典礼上，亨利对坐在身边的好友威廉说："威廉，毕业之后你准备干什么？"威廉毫不犹豫地回答说："干什么？当然是找工作了，生活不就是如此吗？你呢？"亨利说："我啊，我准备先玩遍全国好玩的地方，然后再找工作。"威廉问："你有钱吗？"亨利回答说："我没有，但是在我很小的时候，我父母就为我买了少儿储蓄保险。到了今天，估计已经有一笔不小的数目了，当然可以去游遍全国了。"

面对纷繁的保险种类，家长们为孩子们提前做足了准备，也因此陷入了种

种误区，不仅加重了家庭的经济负担，也没能给孩子以到位的呵护。

首先，家长们必须确定一件事：为什么要为孩子投保？如今，很多家长盲目且争先恐后地为孩子投保，却往往忽略大人本身。其实，大人不仅是家庭的经济支柱，更是孩子最重要的“保护伞”，若是大人发生了意外，家庭便会陷入困境。所以，就保障需求来说，孩子是没有投保的必要的。或者可以这样说，保险保障的是家庭经济和财务风险，所以为孩子买保险没有太大的作用。

很多家长都花费大量的资金为孩子投教育金保险，却总是疏于意外保险与医疗保险的购买，以至于本末倒置，没有从根本上利用保险的功能。所以，保险专家提出了这样一个为孩子购买保险的顺序：意外险、医疗险、少儿重大疾病保险，在这些保险都齐全的基础上，才可考虑教育金保险。

此外，太长的保险期限也是不可取的。对于那些条件并不富裕的家庭，特别是在大人的养老金还没有储蓄完全的时候，孩子的养老问题就更无需考虑。所以，孩子的保险期限应以到大学毕业为宜。若是家庭条件允许的话，为孩子买保险是越早越合算。在购买主险的时候，应同时购买豁免保费附加险，这样一来，即使父母因某些原因而无力继续缴纳保费时，对孩子的保障也仍然有效。

对于一些有经济能力的人来说，也许会在各家公司为孩子买上一份好险种，其实，大部分的保费都只是白白送给了保险公司，因为少儿的寿险保额是有限制的，目的就是想要尽可能地规避道德风险的发生。所谓道德风险就是指投保人为了骗取保金，故意制造事故或是坐视事态扩大而不予制止。所以，世界各国对儿童保险的保额都设有不同程度的限制。

年幼的孩子需要仰仗父母的经济能力保障他们在未成年时的生活，但随着孩子的成长，其经济能力会逐渐独立起来，还会有自己的家庭，并抚育自己的后代，再加上社会经济变化发展的因素，保障制度与保险种类会不断发生变化，所以，父母们没有必要为孩子们预先做好一辈子的规划。

为孩子买保险的最好选择

孩子是每个父母的心头肉，是社会未来的栋梁之才。每个父母都希望望子成龙、望女成凤，但想要让孩子受到良好的教育，就必须准备一笔庞大的教育费用支出。

为孩子买保险的十大理由：

1. 保费便宜：儿童的生存时间比成人要多，保费自然低；

2. 承保机会大：年龄越小，抵挡能力就越弱，小时的疾病也会影响到未来，投保越早，越能避免加费或是拒保；

3. 节税规划：保险有节税的权力；

4. 建立长期的风险规划：教育子女有关保险的长处以及项目，灌输良好的观念；

5. 教育或创业基金：根据上小学、中学、大学等不同的成长阶段，提供保险给付或创业、结婚基金；

6. 减轻子女未来的负担：当儿女成年时，保险也已缴费期满，此时就无需再缴纳保险费了，即可享受终身保障；

7. 转移财产给子女：以帮子女买保险的方式，将资产转移到子女名下；

8. 保险给付完全免税；

9. 练就子女的责任感：养成孩子良好的价值观，成年后可分担保险费，加强其责任意识；

10. 进行风险转移，安定家庭生活；可避免家中发生经济问题等。

尽管为孩子投保有很多好处，但对孩子投保绝对不可盲目，钱一定要花到点子上才行。

一般情况下，父母都会为子女买保障型与储蓄型的保险，最典型的储蓄是

子女的教育金保险，此保险偏重储蓄功能，为子女筹措成长、就业以及创业等不同人生阶段所需要的资金，也是除储蓄与基金之外，父母为子女准备未来资产的主要理财方法之一。而保障型规划，例如医疗险、意外险等，则是为了应对孩子在成长过程中发生的意外、疾病等风险。所以，没有必要为孩子买寿险，但必要的应对各种风险的保障险还是需要买的。

对于少儿急需保障产品的选择与购买，也是有一定的窍门的，这些窍门值得每一个父母去学习和了解。首先，在为孩子规划医疗以及意外伤害类保险的时候，一定要注意险种的理赔特点。比如医疗费用保险，一般只需要一种，而不是将每家公司的好产品都保上，因为医疗费用保险是补偿性质的，住院费用等发票是不可重复使用的，以实际发生的费用为理赔上限，而不能获得重复理赔，更不可能是保得多就赔得多。其次，家长们也可以利用自己单位给予的补充福利计划，将自己的子女也纳入团体保障计划中，以减轻自己的经济压力。

保险业内有这样一句诤言："除非你的孩子是秀兰·邓波儿这样的好莱坞天才童星，否则无需给孩子买人寿保险，至少不应该把寿险作为儿童投保的主要险种。"错！你以为如果秀兰·邓波儿生于现代就不需要保险了吗？错！她买的保险会更多！因为她面临的危险与意外伤害也更多。所以，虽然咱的娃也许不如秀兰·邓波儿那么出名，但毕竟是咱自己身上掉下来的肉，还是为孩子买份儿保险吧！

4 预约悠然老年生活

开心一刻

这一天，某保险公司的经理将一位新职员叫到办公室，对其指责道："我刚才看了你的记录，为什么你将人寿保险都卖给那些95岁以上的人？而且条件还那么优惠。若是你再这样做下去，估计我的公司就要面临倒闭的危险了。"

此员工一听，急忙解释道："不是这样的，经理。在工作之前，我曾对死亡统计表做过研究，我可以向您打包票，在过去的十年里，此地区死亡的95岁以上的人是非常之少的。"

养老保险有好处

退休是每个人早晚都要面临的事情，然而，退休后到底多少钱才够用呢？又该如何准备退休金呢？这也许是所有四十岁以上的人都会想到的问题。一位理财专家说得就很贴切，在你看东西愈来愈远的时候，就是该存退休金的时候，而金额就要看每个人对物欲的程度了。

"活得太久"，是人们退休以后最为担心的一个问题。随着年龄的增长，需要不断地从自己筹措的养老金中剥出基本生活的开销费，此时罹患疾病的几率也相对较大，高昂的医疗费用压力也会越来越大。因此，个人自备养老金的作用相对来说就显得极为薄弱。

老李与老刘一同来到了天堂,老李惊讶地发现,自己住的是简单的标准间,而对面的老刘却是豪华的套房;自己每天都要亲自洗衣服、做饭,而老刘却有专人服务,吃的、穿的都比自己要好。看到这些,老李很不服气,于是跑到上帝那里进行投诉。老李这样对上帝说:"为什么同样的人,差距竟是如此之大?我们明明是一同进来的,为何享受到的待遇却有着天壤之别?"上帝沉默了一会儿,而后缓缓说道:"那也是没有办法的事,因为老刘是自费,而你却是社保。"

其实,并不是社保不好,而是说仅仅靠社保养老,是根本解决不了养老生活的全部问题的。由此看来,必要的养老保险就显得很重要了,而用养老保险来筹措养老金有一个很大的益处,就是它具备强制储蓄的功能。因为退保的损失较大,所以人们对毁约问题往往会慎重考虑,从而就有了一定的强制性。

这里建议40岁以上的人要重点考虑养老保险,之所以如此,是因为养老金的领取一般是从55、60或65岁开始,若50岁以后才开始买养老保险,那保险公司打理交给他们保费的时间就会过短,从而影响到收益率,那时,保险公司的开价费率就会较高。此外,若能及早地将日常结余的一部分资金用于购买商业养老保险,也是一种较好的资产配置方式。

虽然养老保险与其他保险产品一样,预定的回报率都较低,但若选择一种终身养老的保险,那么只要人还活在这个世界上,就能够按期领取保险公司提供的养老金。也就是说,活得越久,领到的养老金就越多,但缴纳的费用并不比别人多,这笔养老保险费就越为划算。

人们无法预知自己的寿命究竟有多长,所以很难准确地把握到底存多少钱才足够自己养老,但通过养老保险这种方式,却能够使人们到晚年后能够多得到一些经济保障。

走出养老误区

关于养老,很多人对它的理解都存在着一定的误区。其实,今天的财富不仅仅属于今天,也不一定属于未来,而科学理财的实质则是:如何将今天的钱放到未来，人们更要选择一个良好的方法，当然，这是需要一定的科学技巧的。

非洲当地的土著经常用很原始的方法去捕捉猴子。首先，他们会找一些椰子，然后在上面打一个口子，刚好能够容下猴子的手臂，接着，他们会在每个椰子壳里放上一些花生。猴子一旦看到，就会跳下来，去抓那些花生。紧接着，猎人就会及时地出现，而不忍心丢下花生的猴子就轻轻松松地被猎人捉到了。虽然猴子聪明灵巧，但却因丢不下致命的花生而被捉。

人类也是如此，在人生的一些重大问题上，人们经常会犯各种各样的错误。比如养老，一旦犯错，那就是致命的，根本就没有重来的机会。

由此可见，对养老问题一定要有一个正确的认识，否则就会像猴子一样，结局悲惨。有些人会认为：我现在炒股很赚钱，已经备好了足够的养老金了，根本无需考虑养老钱；现在有社保，养老金可以依靠国家；我有儿子，养儿就是要防老的……这样的观点还真的是层出不穷。在专业人士眼里，这些观点都是片面不完全的，甚至有些还属于致命的花生。

如今，人的寿命是越来越长了，很多国家都进入了老龄化的社会，中国也不例外，可见，国家将要面临未富先老的困境。

社保的确可以解决一些养老方面的问题，但并没有完全解决，而养儿防老则更是无稽之谈，在父母年迈之际，儿女们也是中年了，他们自己也要面临养老的问题。此外，在今天的社会变革当中，还有很多值得关注的问题，这些很有可能会对未来的养老生活不利。比如丁克一族，他们结婚不要孩子，而且这种现象愈演愈烈，这就是社会的变化。那么，没有孩子的人靠什么养老?庞大的生活成本、医疗费，这些要如何去支付?

专业登山队员在爬珠穆朗玛峰的时候，一般都不会选择去北坡，因为南坡坡度较小，而且风景秀丽。其实，养老就犹如爬山，若选择在20岁的时候爬60岁的山，那走路就可以走过这个坡度，需要的仅是时间而已；若是到55岁或是60岁的时候再去考虑爬60岁的山，就需要扶梯才能够上去了，甚至还需要一定的工具；而60岁之后，根本就不需要再爬了。爬山本身就是一个过程，而选择不同的时间、不同的地方去爬，呈现出来的效果也会有所不同。

你以为自己能和孙悟空一样，到了几百岁的时候还能上蹦下跳吗？不能，虽然猿猴是人类的祖先，但是人类还是不可能如同孙爷爷那般长寿的。所以，趁着还能蹦跶两下，先让自己攒点钱吧，否则等你老了，不能蹦跶了，你的苦日子便真正地来临了。

5 商业保险，为养老添彩

开心一刻

李老奉行生儿养老，认为只要有了儿子，到了老年就有了保证了。有一天，他突然想到好久没见过儿子们了，就打了电话给大儿子，问："儿子，工作忙吧，好久没见你了。"

大儿子说："爸啊，我在我岳母家，明天就来看你哦！"

老李："……"

然后又打电话给小儿子，问："儿啊，你在哪呢？怎么好久没回家看看了？"

小儿子答："哦，爸，我最近都在丈母娘家的，您在哪呢？我现在就过去看您！"

李老："哦，我在你外婆家呢……"

其实生儿生女都一样，但要记得常回家看看。

养儿防老已成奢望

养儿防老，这是我国自古以来的传统思想。然而随着社会的进步，人们的压力也越来越大，养儿防老已经成了奢望。当今社会，科学越来越进步，人的寿命越来越长。而现在的家庭都是独生子女，要承担起父母、祖父母4人的生活就已经相当吃力了；如果2个独生子女结婚生子，那这对夫妻要面对的就是双方父母、祖父母12人，还有一个嗷嗷待哺的婴儿，就算他们有心尽孝，怕也无力承担如此庞大的责任。

所以，"养儿防老"即将成为过去式，要想让自己老年过得舒坦一些，我们

就要自强。“穷”不可怕，只要你还年轻就有资本；“老”也不可怕，只要你有钱就会过得舒坦；可怕的是“又穷、又病、又老”！每个人都希望晚年生活是老有所养、老有所医、老有所乐，而不希望生活质量日趋下降，只能维持生计，更不希望晚年过凄凉、孤独、无所医、无所养的生活。所以，为了提高老年的生活质量，趁着年轻赶紧做个规划吧，这样不仅可以过有尊严的、幸福的老年生活，也减轻了子女的负担。千万不要认为养老计划是以后的事，你要知道，无论你今天多年轻，明天都会变老的。所以，要提前做好准备，而且越早越好。

60岁的刘先生是一名工程师，他在他的岗位上工作35年了，每天与测量、制图相伴。今年，他60岁了，终于可以退休了，终于要迎来轻轻松松的日子了。他说：“明天开始就是另一种生活了，每天晨练、遛狗、种花，可不比工作的时候闲呢。”显然，退休后的精彩生活在他心中盘算已久了。“虽然有点舍不得工作，但想到今后每一天都可以做自己生活的主人，随时随地出门旅行不受约束，我还是非常向往的。而且，为了退休，我可是提前20年就开始做准备了哦。”

原来，刘先生在40岁的时候就开始计划退休的生活了。刘先生说：“40岁时，有一个从国外回来的朋友说，外国人的退休规划从三四十岁就开始了，他还列了退休后的收入支出表，给了我很大的启发。从那以后，我渐渐将自己的月结余储备起来，有目标地一边投资一边投保。现在看来多亏了那个朋友啊。”

从这个小故事中，可以看出，刘先生早在20年前就做好了退休计划，他深知，养儿防老已经是奢望了，所以他只能靠自己早早准备，到了晚年，既过得滋润，又不会给孩子们带来负担，何乐而不为呢？所以，你的钱包里要有两种钱，一种属于现在的你，一种属于未来的一位老人所有。如果你今天将老人的钱花掉，那就是年轻岁月透支老年岁月，年轻力壮透支年老力衰。已经没有什么比健康和稳定的未来更值得我们去关注了，不是吗？年老后的生活是否美好，完全取决于自己。未雨绸缪，投资养老，收获未来，让我们从现在就开始！为自己的将来再添加夕阳别样红吧！

投资保险，除后顾之忧

中青年未来的养老能靠谁呢？儿女的孝心确实有保证，但是儿女的压力如此之重，怎么能忍心再加重他们的负担？社会的基本保障，是能保证日常吃饱穿暖，但是想要一个夕阳别样红的晚年是远远不够的。所以，还是需要另谋出路，而这条出路就是商业保险，在年轻时为自己备上两份金钱，一份是日常生活的开销，一份是老年生活的开销，这样的话，年轻时和老年时都会生活得舒舒坦坦。这也是一个有效的理财手段。要知道，只要投资，就会有回报，只不过是时间长短而已。所以，不妨试试投资商业保险吧，为自己除去以后的后顾之忧。

在我国的养老保障体系中，除了社会基本养老保险外，还有企业年金和商业性养老保险，这是两大有力的补充。企业年金（俗称企业补充养老保险）在未来潜力巨大，但由于在中国刚刚起步，具体的配套政策还有待完善，而且最重要的是最终的选择权和主动权都在企业手里，员工个人是无法掌控的。而个人商业养老保险是可以由自己来决定是否购买，并可根据自己的能力进行灵活的自主规划和选择。养老计划最基本的要求是追求本金安全、适度收益、抵御通胀、有一定强制性原则，与一般资金投资追求收益较大化原则有别。而保险就有一个强制储蓄的特点，对于投资习惯较差、储蓄率较低的人群，买保险是比较稳妥的一种投资。而且养老保险，活得越久就领得越多。

咱都知道，赔本儿的买卖谁都不想做，所以商业保险里面的那点儿猫腻我们这些平民百姓就不要去琢磨了。但是别忘记了，商业保险能为咱和咱爸妈多添几分安全感，为了老人家的幸福生活，还是别省那点钱了，买吧！

6 房贷险“松绑”，贷款人买还是不买

开心一刻

小王的朋友最近经常相亲，而且每次相亲都要请女方吃饭，毕竟是男人，总不能吃饭让人家女方拿钱吧！大概过了几个月，小王碰到了这个朋友，就问他相亲相得怎么样了？朋友说他损失了0.1平方米。

小王很纳闷，忙问为什么？朋友说：“每次请别人吃饭我都要损失我买0.01平方米房子的钱，现在10个下来了一个都没相成功，一算正好损失了买0.1平方米房子的钱。”小王听后狂倒……

买不买房贷险，贷款人做主

自2006年开始，各大银行已经不再强制购房者买房贷险了。其原因是，贷款人购买房贷险受益的是银行，贷款人本身并没有多大利润。房贷险是在贷款人因意外伤害而丧失了还款能力时，由保险公司向银行还款的保证保险。一般而言意外伤害的几率是很低的，而且保费定价过高。同时，保费的计算是按房屋全价来计算的，一套100万元的房产，即使只贷款20万元，也要按100万元计算保费。正是因为意外出险的几率较低，而且与其他财产险相比，贷款人根本无法从中获取太多的利益。因此，一直受到众买房者的抵触。

当然保险公司方面也存在着一定的问题。因为房贷险对保险公司来讲也是一项头疼业务。因为，每办一份强制房贷险，银行都要从保险公司收取的保费中获得一部分手续费。而在各大行的房贷业务中，由于各种因素，不少贷款

人都会选择提前还贷，为此会退保，而给银行的手续费是不退的。因此，保险公司的这项业务几乎是不赚钱的。于是，银行和保险公司对此项业务的兴趣也大大缩减，越来越多的银行选择了取消，让货款人有了自由购买权。

有一家售楼公司打出的广告说住宅区里有湖有森林，什么风景美如画，什么听得舒心、住得放心，只要是好的广告语他们都说，因此引来了无数看房者。一个看房者很是满意有树有水的地方，于是就与卖家签了合同，待交完款后，售房人员就领着买主去看房子了。于是有了下面的一段话：

房主说："还行，房子的构造基本与合同所写的一致，我们看看其他条款吧？"

售楼人员："没问题，保证你没话说。"

房主满意地点点头。看过其他条款之后，他最初看上的湖和森林也跃然纸上，很是高兴。于是问道："第五条说的小湖在何处？"

售楼员："在地下，经过科学勘探，我们小区外不远处的地下有一地下湖。"

房主瞠目结舌，然后又询问了另一个原始森林的所在地。他说："第八条说的原始森林又在什么地方？"

售楼员："就在那里。"售楼员手指了指。放眼望去，房主目瞪口呆，因为他看到的根本不是什么原始森林，而是一小片苗圃。在那里，是一位当地农民在自己的田地上种植的树苗。房主那个悔啊，广告不能信啊。无奈之下，他只好拂袖而去。

售楼员："喂，客人，你别忘了去交房贷险哦，他可以保证你房子安全……"

天啊，买房竟然买了一些虚假的东西，房主悔得肠子都青了。而且，在临走前售楼员还要让自己去交房贷险，唉，房主更悔了。

房贷险究竟买还是不买?

房贷险政策的“松懈”,对购房者来说确实是自由了很多,但也让众多购房者陷入了矛盾,究竟买不买又成了一个不小的问题。对于这个问题,我们先来了解一下不买房贷险会产生什么坏处吧。如果不买房贷险,借款人面临的最大风险就是,一旦自身遭遇各种意外伤害导致失去还贷能力,那所购房产到时候就可能因为还不出贷款而被银行收回。虽然一般情况下这种几率很小,但一旦发生,就要面临房子被收回的危险。

依据《最高人民法院关于人民法院执行设定抵押的房屋的规定》,对于被执行人所有的已经依法设定抵押的房屋,人民法院可以查封,并可以根据抵押权人的申请,依法拍卖、变卖或者抵债。而在银行实际操作中,银行完全可以参考贷款额和房屋价值的差价,在相对偏远地区对贷款人进行安置,对抵押房屋进行拍卖。这种情况是没有人愿意看到的。从这个角度来说,还是建议大家在选择房屋贷款的同时,同时选择一份房贷险。

当然,也有可以不买房贷险的人群,那就是你已经有了足额的人身意外保险。有足额人身保险的人即使发生了意外,也可以通过传统的人身意外险获得保险公司的理赔金,然后用这笔钱去还尚未付清的房贷。这个“足额”是有讲究的。这个额度不仅要覆盖家庭房屋按揭贷款总额,还应该有所超出。因为一旦贷款人发生意外,不仅房屋贷款余额面临偿还风险,家庭其他各方面的收入缺口也需要有保险来弥补和承担。换言之,如果你并没有安排好足够的人身意外险的话,那么你在申请房屋按揭货款时就要想着按照贷款多少来安排好房贷险,让房贷险发挥这种保证意外情况下能顺利还款的功能。而且,由于房贷险在费率上比人身意外险更优惠,因此建议没有购买太多人身意外险的人群在贷款购房时最好能够买房贷险。

这天,两个恋人谈起了买房的事情。

男:亲爱的,等我挣了钱就给你买套房!

女：那要我等到啥时候啊？

男：挣个首付，再办贷款就是喽。

女：等你还完贷款那房子也成遗产了，那是给我买的吗？

男：当然是给你买的呀，我可以边住边还贷款啊！

女：那要是你出了个什么意外，岂不是要我还贷，那我不是太亏了？

男：放心吧，我买房贷险了，如果真出意外，有保险公司替我还呢！

女：那你既要挣首付的钱，又要交房贷险的钱，我岂不是要跟你当一辈子房奴？

尽管很多人都对房贷险有抵触感，但对贷款者而言，在选择购买人身意外险和房贷险上，后者的保险费率要比前者优势更明显。业内人士表示：房贷险，在费率上，目前大多数公司采用趸缴型的房贷险年费率在0.65‰，而且保额一直都维持在最初的房贷总额上，而保险公司一般的人身意外伤害的费率则每年为1‰~2‰。由此可见，虽是同样的意外保障额度，但相比之下房贷险还是比较划算的。

根据房贷险为投保人提供的还贷保证保险，责任范围为：投保人（借款人）在保险期限内因意外伤害事故所致死亡或伤残，保险公司代为偿还投保人相应的全部或部分还贷责任。看看，看看，咱得抱着最坏的打算：万一哪天身为贷款人的咱出了点意外，这不也是为家里的老弱病残提供了点儿保障吗？所以，兄弟们，赶快行动吧！

造就百万富翁的途径？黄金、外汇首当其冲

有人说过：百万富翁都是黄金、外汇制造出来的。如果你想成为百万富翁，就请选择黄金、外汇。

黄金、外汇可以造就你的财富人生，也可以成为你的人生财富，在这方面的把握上还需要你个人的能力。

投资理财，百万富翁是黄金、外汇制造出来的

开心一刻

李江到面馆里去，问老板："面多少钱一碗？""一元！"

李江又问道："那面汤呢？""面汤不要钱！"

李江把手一拍说道："好吧，老板，给我来一碗面汤。"

老板端来一碗面汤，李江吃完以后，一拍屁股就走了。

第二次、第三次也是这样，老板有些冒火了。

第四次，李江进面馆问道："老板，面多少钱一碗？""一元！"

"面汤？"

老板大怒道："面汤两元！"

李江听了，想了想说道："那好吧，给我一碗面。再给我一个小碗。面里多加点儿汤啊。"

老板把面和碗端来以后，李江只吃面。吃完以后把汤倒在那个小碗里，端到老板面前说："老板，还一碗两元的面汤给你。吃你一碗面，花掉一元，现在你还欠我一元钱！"

投资创造财富，理财改变生活

人生在世，一个人能够积累多少财富，并不在于您每个月、每一年到底能赚多少钱，而在于您怎样理财，进一步讲，就是你做到用钱生钱了吗？

在经济高度发达的现代社会，对于很多人来说，100 万并不是个大数目，可能你的车子、房产再加上各种保险，身价就会远远超越这个数字。但是就在此刻，让你立马拿出100万元的现金来——可能绝大多数的人都不能做到。

在这里，假如暂时忽略钞票的交换价值功能，只是把“100万”当做一件商品、一个目标，你会选择给它贴上多少钱的标签？你会愿意为它支付多少？换个说法，你付出多少投资能够让你在最短的时间内达到这个数字？理财的意义和目标就在于此。

一个人在公共汽车站等车，接连几辆车都没有挤上去。一气之下，他就跟着汽车跑了回家。

他虽然气喘吁吁，却高兴地对老婆说：“虽然累些，但却省了一些钱。”

不料，老婆听了不满地说：“你真笨！为什么不跟着出租车跑？那样不是可以省更多的钱吗？”

故事中的夫妻只知省钱，却不懂理财，结果劳心劳力却一无所获。现实中也是如此，如果你不懂得理财，只知一味地省钱，那么你是不可能拥有更多财富的，你的财富只会贬值。常言道：你不理财，财不理你。你可以计算一下，“100万元”离你的生活有多远？若你月薪10万，它将是你1年的工资；若你月薪1万，那你则需要10年的时间来不断趋近于这个数字；若你的月薪是1000元，那么你需要100年的时间才能达到这个数字。而且这几种情况还必须有一个前提，那就是你必须是不吃不喝不买房子不换车不做美容，更不能购物，不进行任何消费。

如果你懂得投资和理财，你的生活就会大不同！你可以只花少量的钱，就能达到这个你原本需要辛苦数年才能达到的数字。也就是说，当你找到一条正确的理财之路时，你就能轻松地拥有更多的财富。

投资理财，首选黄金、外汇

理财师曾经说过这样一句话：“如果你想知道最佳的理财方式，它并不是一定要有高超的金融投资技巧，若你能够掌握正确的理财观念，并坚持下去，

几年之后——你就能成为百万富翁。”而现实中很多人，就是因为没有找到正确的理财之道，才只能与贫困共度一生的。

在今天，我们已经进入了一个全民理财的时代。每个人都梦想并尝试着通过各种方式让“钱生钱”。当然，在这个财富被无限放大的时代，那些创造财富的故事和传奇就是最动人心弦的图景了。

布拉克先生看到自己瘦小的儿子与邻居强壮的小孩在玩角力游戏，为了鼓励他就说：“加把油！赢了我给你5元钱。”

回家后，儿子告诉爸爸他赢了，布拉克便给了他5元钱。

以后儿子又胜了几次，布拉克照样每次都给5元钱。

但布拉克总觉得儿子敌不过邻居的孩子，所以又问：“你果真能赢他吗？”

“当然，百战百胜。”儿子自豪地说。

“那你用了什么技巧呢？”

“这简单，”儿子回答，“每次给他1元钱，他准败。”

这个故事中的儿子虽然使了些小计策，但他最终却达到了自己的目的。这也告诉我们，当你找到一个正确的理财方式的时候，你就能百战百胜、收获财富。

当前，中国经济已经今非昔比，随着经济的快速发展、居民收入的逐步提高、国际交往的日益频繁，人们手中持有的外汇也逐渐增加，加上外汇利率的下调，外汇的投资更趋于活跃，已经有很多人加入到外汇投资的行列。

时至今日，外汇交易市场已经成为全球最大的金融市场，单日交易额高达1.5兆美元。因为它和经济密切关联，交易又非常活跃，所以外汇投资受到广大投资者的青睐。近年来，以澳元、英镑为代表的迅猛涨势，也很好地证明了外汇的投资价值。

在拉丁语里，黄金被解释为“闪耀的黄昏”，而古埃及人则称它为“可以触摸的太阳”。纵观古今，不管是帝王还是百姓，基本都以黄金为尊，以黄金为贵。人类对黄金的崇拜自古有之，古埃及人把黄金视为神的皮肤，哥伦布在给西班牙国王和王后的信中写道：“黄金是所有商品中最珍贵的，黄金是财富，谁占有了它，谁就能获得他在世上所渴求的一切，同时也就等于取得了把灵魂从炼狱中拯救出来并使灵魂重享天堂之乐的手段。”

对于理财者们来说，黄金投资更是一种永久、及时的投资。几千年过去了，黄金依然散发着它的光芒和魅力，并以它独有的特性——不变质、易流通、保值、投资、储值的功能作为人们理财的首选。不管时事怎样变迁、国家权力如何更替，即便是更换了货币币种，黄金的价值永远存在。

每当危机袭来的时候，投资者们会纷纷转向黄金投资，把它称为“没有国界的货币”，所以，在任何时候、任何环境下黄金都是一种最重要、最安全的资产。当你选择黄金作为投资目标时，你将会成为最快富裕起来的人。这也是很多深陷股市泥潭的人需要思考的问题。事实就是这样，作为一种全世界都在关注的投资工具，黄金具有全球都可以报价、抗通货膨胀能力强、税率相对于股票要低、公正公平的金价走势、产权容易转移、易于典当等很多明显的优点。

对于渴望成功和想要拥有众多财富的人们来说，炒黄金、炒外汇无疑就是造就百万富翁的一个机遇、一种趋势！这也可以说是为人们提供的一个致富的机会了。你知道吗？炒黄金、炒外汇的杠杆是1:100，这也就恰恰说明用1万美元就能做100万美元的账户。

除此之外，炒黄金、炒外汇还可以双向交易，既可以买涨，又可以买跌，同样能达到赚钱的目的！如今，炒黄金、炒外汇已是世界上很多人投资理财的一种有效选择了，因为这个投资理财渠道并不是由某个人或某个组织，某个集团所能操纵和控制的，并且它们都是24小时全天交易，每时每刻都能做单。另外，它的最大好处是能够自行设置风险，让你永远不担心被“套”！

2 黄金与美元的关系

开心一刻

一天，当老婆刚刚从浴室出来，老公正要开始淋浴时，门铃突然响了。在几秒争论谁过去开门后，老婆便裹了一条毛巾紧忙去开门。她打开门一看了正是隔壁的邻居Bob。在她还没有开口之前，Bob说道："如果你肯把那条毛巾拿下来，我就给你800美元！"老婆仔细想了想，还挺划算的，于是便脱下毛巾，裸站在Bob面前，几秒过后，Bob便丢下钱走了。此时，老婆既困惑又兴奋。这时，在浴室的老公问道："老婆，刚刚是谁啊？"

"哦，是隔壁的Bob啦！"她答道。

"是吗，那他有没有将欠我的800美元归还呢？"老公问道。

美元汇率是影响金价波动的重要因素之一

如果仔细观察一下,我们便会发现,美元下跌的时候黄金在上涨,而黄金下跌的时候美元则往往处于上升之中,在很多时候黄金和美元都会呈现出负相关。那么,为什么美元可以这样强势地影响金价呢?

这里面主要有三个原因:第一,美元是现在国际货币体系的柱石,美元和黄金同是最重要的储备资产,美元的坚挺和稳定自然就会影响到黄金作为储备资产和保值功能的地位。第二,美国 GDP 依然占全世界 GDP 的 1/4 强,对外贸易总额世界第一,常常影响着世界经济,但黄金价格明显和世界经济好坏成反比例关系。第三,世界黄金市场通常都以美元标价,这样美元贬值就一定会导致金价的上涨。例如,在 20 世纪末的时候,金价走入低谷,于是很多人都开始抛出黄金,此举就和美国经济连续 100 个月持续增长,美元坚挺有很大关系。

皮货商杰克来到公爵的宅邸。他看见有只大黄毛狗躺在门口一动不动,于是站住想了一想,然后转身便走。

"喂,先生,"门房看见他后忙喊道,"我们的狗是从不咬人的,您为什么要走呢?"

"我想,"杰克转过身来,慢吞吞地说,"狗既然不向我叫,这说明它早已对我这样的商人的胡子和卷发习以为常了。这就意味着其他的商人常来这里……既然这样,我还有什么生意可做呢?"

作为商人,杰克是聪明的,他能从一个简单的细节中看到事情的真相,从而做出有利于自己的选择。其实,理财也是如此,当你选择投资黄金的时候,一定要知道这个细节,美元汇率是影响金价波动的重要因素之一。

在国际市场上,由于黄金价格是以美元来标价的,因此,美元升值会促使黄金价格下跌,反之,若美元贬值又会推动黄金价格上涨。美元强弱在黄金价

格方面会产生很强烈的影响。不过也会有一些特殊情况,尤其是在黄金走势极强或极弱的时期,黄金价格也许能摆脱美元的影响,走出自己独立的趋势。

如果美元表现出坚挺,通常就表明美国经济形势很好,美国国内股票和债券将得到投资者竞相追捧,而黄金作为价值贮藏手段的功能就会受到削弱。但美元汇率下降又往往和通货膨胀、股市低迷等有关,黄金的保值功能又会再次体现,在美元贬值和通货膨胀加剧的时候又常常会刺激对黄金保值和投机性的需求。在1971年8月和1973年2月,美国政府两次做出了美元贬值的决定,在美元汇价超速下跌和通货膨胀等因素共同作用下,在1980年初黄金价格上涨到历史最高水平,突破了800美元/盎司。

我们回顾一下近些年的历史就不难发现,美元对其他西方货币坚挺的时候,世界市场上的金价就会下跌,但若是美元只是小幅度上贬值,那么金价就会渐渐回升。

美元与黄金,牵制与反牵制

在遭遇金融危机的时候,美国经济就好像一只带伤的猛虎,尽管伤及筋骨,可它只要呻吟不断,周围就会"阴云密布"。没有人知道这只猛虎的伤病是否有所恢复,也没有人知道这只猛虎会不会带伤咬人。而美元就是这只猛虎的爪牙,不管它抓到哪里,或者选择在什么时候张嘴,总会导致周围的气氛发生突变。黄金历来是美元最强的竞争对手,一直以来,不但被美元所利用,而且反作用于美元,两者可以说是互相牵制,此消彼长。不过,总的来说,美元是黄金属性的一部分,而黄金对美元而言,则更像是一座无法翻越的大山。纵观历史,无数次的"金本位"建立和解体,统统都被人们认为是主权信用对黄金的违约,对人类的违约。尤其是相对于美元这种国际储备货币,它的违约必将导致全球经济的衰退,并因此给世界平衡带来极大风险,地缘政治也会由此应运而生。

事实上,任何国家所进行的经济政策和货币政策都是基于某种量化的数据模型,例如整体及局部GDP、CPI等,是一个国家进行经济调控的主要指标。

现在的全球市场，各国货币和经济政策，不但要紧盯自身发展状况，而且要放眼全球，特别是美国及美元。但是，实际上，美元并不是一个量化指标，而美元最终是为美国利益服务，和美元挂钩的各类举动好像一开始就存在着某种陷阱。原因就在于我们很难明白美元最终是以什么来维护自身信誉的，如果以前是以金本位，那么现在又是以什么呢？一个债台高筑的国家，可是还要用几乎没有能力偿还其债务利息的GDP增长作为发放美元的依据，这可以说是极为错误的做法。在没有金本位的情况下，美国人的技术输出和劳动力、产品等的输出想要保证美元顺差是很难的。如果说到美元的信用，只有一点要说的，那就是美国的军事和在国际政治事务中的话语权，这笔无形资产现在却在盛极而衰中慢慢贬值。

壮壮的父亲从不让孩子在吃饭时说话。一次吃饭时，父亲见到壮壮很想说话的样子，便对他说："孩子，你想说什么？"

"爸爸，苍蝇好吃吗？"壮壮问。

"不！"父亲说，"你干吗问这个？"

"刚才您盘子里有一只，您把它咽下去了。"

爸爸对儿子的制约最终使其为此付出了代价，当一个人或一个事物受到牵制的时候，就非常有可能带来负面的影响。但是，中国有一句话叫"道高一尺，魔高一丈"，还有句话叫"以静制动"。面对欧美国家比中国超前了几百年的金融博弈手段，中国没有必要以牙还牙。无疑，分析国际货币体系的进出兴衰，凭借综合国力所建立起来的信用体系，这一点也许才是保证其持久信用的关键所在。

在两种事物的互相牵制中，一定要做一个智者。当我们在看美元与黄金的牵制与反牵制时，也从中看到，好像美国人更聪明一些，可是黄金的特点就在于永不磨灭，它的属性与在人类心目中的地位，也许我们了解到的并不多。当务之急是一定要认清黄金在历史长河中的每一次作用。在现在的黄金领域，中国可以说已经跃居到生产首位、消费第二的水平了。

相信在不久的将来，咱中国人也能倍儿自豪地说，不管美元采用什么样的计策，人民币都可以拿出国力保证下的信用体系和足以跟美国人抗衡的黄金储备，到那时，咱就买两手机，一个当呼机，一个当电话！咱雇两个秘书，一个美国的，一个日本的！咱也尝尝当世界巨头的滋味！

3 通货膨胀与利率对黄金的影响

开心一刻

一个学生请一位著名的经济学家给“衰退、萧条、恐慌”这几个专用词汇下个定义。

专家的定义为：

衰退时，人们需要把腰带束紧。

萧条时，人们很难买到腰带。

当人们连裤子也穿不起时，恐慌就开始了。

通货膨胀及利率对黄金价格的影响

这是一个简单的道理，美国人只能发行美钞，只有上帝才能发行黄金。美元是由美联储印制的，它们想印多少就印多少，但是黄金的总储量和每年的开采量则是定量的，若想迅速提升开采量是不可能的，原因就在于一个新的金矿从投资到产出至少也要5年的时间。正是因为如此，黄金和美元等信用货币不同，它是以自身的价值作价，却并非是用一国政府的信用作价。因此，当一国政府的信用破产的时候，那么这个国家的货币就只能是一张废纸了，但黄金在任何时候都不可能会失去它作为贵金属的价值。因此，从古至今，黄金都被称为是永恒价值的代表，特别是在通货膨胀和利率高涨——纸币贬值之时。

在1974—1975年和1978—1980年，因为通货膨胀加剧，人们持有的货币很快贬值。这种情况直接动摇了人们对货币的信心，也因此掀起了一股抢购黄

金的浪潮，于是金价快速上涨，而这一时期内黄金持有者成功地避免了风险。另外，在1997年亚洲金融危机的一段时间里，因为有些国家或地区出现了明显的货币贬值和物价上涨，因此以本币表示的黄金价格也同时显著上涨。

不过，和纸币存在银行可以增值不同的是，黄金这种货币本身是不可能产生任何利息的，因此在经济平稳发展、通货膨胀率偏低的时候，人们宁肯卖出黄金换成纸币投资实业或存进银行，这个时候黄金的吸引力便会下降了，金价也会持续走低。从1980年到1999年，美国经济发展良好，其实际利率也长久保持在较低水平，同时道琼斯指数从730点升到11600点，自此，美国股市走了18年的大牛市。与之相对应的是，此一时期黄金价格则从850美元跌到253美元，走过了18年的大熊市。

昨晚我做了个美梦：我一下子得到了100万美元。

你真幸运。你怎么处理这么多的钱呢？

很简单。在醒来之前，我就把钱全部存进银行了。

你有多少钱?当你拥有一笔钱之后，你是选择存银行，还是选择作投资?或许，有些人会满不在乎地说道："随便啦，两者都可以的。"可是，如果在通货膨胀的时候，把钱存进银行，这非但不是一个好的选择，反而还会血本无归。当然，寻找到一种能使自己的钱不贬值的方法才是智者之选。

黄金作为这个世界上唯一的非信用货币，它和纸币存款等货币形式不同，它本身就具有很高的价值，因此它不像其他货币一样只是价值的代表，不过它自身的价值是很微弱的。如果出现极端情况，货币便等同于毫无价值的纸，不过黄金在任何时候都不可能失去其作为贵金属的价值。所以，我们说黄金能作为价值永恒的代表。然而，能够证明这一意义的最大体现就是黄金在通货膨胀时候的投资价值——纸币也许会因为通胀而贬值，但黄金永远不会。打个比方，以英国著名裁缝街的西服为例，其价格千百年来都是五、六盎司黄金的水准，这也足以证明黄金购买力的经久不变。但是数百年前几十英镑就能买一套西装，可是今天却只够买一只袖子了。所以，如果遭遇货币流动性泛滥、通胀横行的情况，黄金就会因它的对抗通胀的特性而受到投资者的极大青睐。

分析一下就会很清晰，对金价有极大影响的是扣除通胀后的实际利率水平，扣除通货膨胀后的实际利率得到的就是持有黄金的机会成本，所以在实际利率为负的时候，人们会更偏爱拥有黄金。

负利率时代，配置黄金有效抗通胀

当负利率时代来临的时候，怎样保住自己手中的钱不贬值就成为人们最关注的话题。

现在，伴随着猪肉、粮食等各种涨价消息的到来，人们已经越来越真切地感受到通货膨胀所带来的巨大生活压力。可以这样说，通货膨胀就是财富的天敌，比如对现金、存款等货币来说，通货膨胀对它们的影响就会越大。在遭遇通货膨胀的时候，储蓄的购买力会很弱，债券和银行存款则更弱，因此，这对于拥有债券和银行存款的中国老百姓来说无疑是一个天大的坏消息。如果从理财的角度来分析，我们在此时就应该理性地选择一些能在某种程度上减少通货膨胀风险的投资品种。

从实际出发，对抗通货膨胀的方法之一，就是在通货膨胀上升之前，把货币资产转化为实物资产，如房产、黄金等，因为这些实物资产在通货膨胀中具有保值效应。另外，根据国际经验来看，黄金可以说是兼具保值和投资品功效的。从长久来看，黄金可以说是抵抗长期风险的最好投资品，但是有一点，黄金投资的风险较低，而且它的投资回报率也相对较低。

到步步高餐厅吃饭的人非常少，老板不知道怎样做才好。餐厅里的饭菜可谓是物美价廉，但是还是没有人愿意来吃。

随后老板采取了一些措施，于是情况就改变了，几个星期以来他的餐厅总是坐满了客人。每当一位先生带着一位女士进来，侍者就给他们每人一份印刷精美的菜单，两份菜单外表看来完全一样，但内容却大不相同。侍者给男人的那份菜单上是每份菜、每瓶啤酒的正常价格，而他给

女士们的那份菜单上的价格要高得多,所以当男人从容地点了一份又一份菜,要了一种又一种酒的时候,女士会觉得他比实际上要慷慨得多。

用什么样的方法可以使自己低迷的现状得到改变,当你找对正确的方法之后,你就能像上文中的餐厅老板一样,最终赢得财富。现实中我们理财也是如此,怎么样在负利率和通货膨胀的情况下使自己的财富保值甚至增值,还需要我们找到最正确最合适的理财方法。

在负利率和通货膨胀的情况下,我们可以看到投资黄金的优势。黄金有它自身的特性,第一,黄金并非是股票、债券这样的信用工具,不用忧虑它信用上的风险;第二,黄金能到全世界任何一个市场变现,并且现在买卖比较容易,交易费用也非常低,而且更为重要的是,从最近几百年来看,黄金始终保持着较强的购买力,用它来对抗通货膨胀显然是最合适不过的了。

当然,如果面对的只是相对比较温和的通货膨胀,那么投资者可能几乎感觉不到黄金投资的"诱惑力"。但是当通货膨胀逐渐加剧时,货币的实际购买力必将会下降,但是由于全球黄金几乎没有增加,因此黄金的价格一定会随着货币购买力的降低而快速上涨,这样一来,投资者用于投资黄金市场的钱必定就能得到有力的"保护"。

4 外汇与个人外汇资产的保值增值

开心一刻

富人有什么特点?

满口都是钱、钱、钱,而且声音里有金属声。

还有别的特点吗?

当需要慈善募捐时,总是第一个把手放进口袋里……

那是要掏钱了。

不,他的手就一直抓住口袋里的钱。

外汇理财,抓住口袋里的钱

在现代社会,国际外汇市场可以说是风云变幻,一时间,怎样才能保持手中外汇资产价值的稳定,并且在这个基础上取得一定收益,是个人理财问题中的一项非常重要的内容。

> 化学老师:黄金暴露在空气中的结果会怎样?
>
> 学生:最大的可能就是被偷。

从两个人的对话中我们可以知道,当你去做一件事情的时候,一定要考虑到它的风险性。虽然外汇理财获益颇丰,但是却有一定风险存在。面对当前的形势,在人民币汇率形成机制改革之后,那些持有外汇资产的居民又应该采取

怎样的措施使手中所持的外汇资产(主要是外汇存款)保值增值？这是一个值得深思的问题。

在人民币汇率形成机制改革后，持有外汇的朋友不妨从以下几点来调整自己的外汇投资理财思路，从而做到防范汇率波动所带来的风险。

1. 多币种的资产投资组合。观察一下就会发现，在国际货币市场中，主要是以欧美货币为主，币种更加多元化的趋势也会逐步加大。为了顺应潮流，若要投资应以全球化的金融思维考虑多币种的资产投资组合。现今多数银行都设计了多种外币组合理财产品，收益往往会高于人民币储蓄，而且还有灵活的投资期限供你选择，因此，这可以说是一个很好的理财之道。

2. 外币储蓄。随着外币储蓄年利率的增加，外币储蓄这种投资方式，不但对专业知识要求低，而且还不需要像股票一样长时间盯守，收益又很丰厚，极为适合喜欢保守理财方式的人们。对于那些整天忙于工作但是又想进行外汇理财的人来说，无疑是一个极佳的选择。

3. 投资外汇汇率交易提高资产的流动性。在你理财的时候，一定要尽可能地增加资产的流动性，让资产在流动中实现保值增值，而投资于外汇汇率交易就能获得资产增值，不过，此举是有一定风险的。此种投资方式有长线投资和短线操作供人们选择，资金的流动性很高，收益率也比较好，同时风险也高，在投资选择的时候要慎重。

4. 别把鸡蛋放在同一个篮子里。虽然投资外汇收益很高，但是外汇市场也是有涨有跌，所以不管选择哪一种外汇投资方式，都必须具备一定的风险意识，不但要看到收益，更要看到其中潜藏的风险，综合考虑投资期限、安全性和灵活性等各方面因素，慎重决策。"别把鸡蛋放到同一个篮子里"，使自己的资金分散一些，理性地选择适当的组合投资方式就能使你收获厚利。

投资外汇收益颇丰，但是风险与利润是共存的。不要被表面的"利益"所蒙敝，更要随时关注其中潜藏的风险，防止你口袋中的钱被掏空！

外汇资产保值增值，不妨多元投资

除了选择合适的投资渠道之外，投资者更应当关注自己的理财目标，合理安排资金流向，然后才是选择合适的产品。

随着我国社会的不断开放、进步，对外贸易、海外求学、出国劳务、境外旅游等大幅增长，居民手中的外汇也越来越多，币种越来越丰富。如何打理手中的外汇，实现外汇资产的保值、增值，日渐成为众人关注的热点。

有一个乞丐，他两只手各拿着一顶帽子，朝街上一个看起来非常有钱的人走过去。

那人问："你为什么要拿两顶帽子呢？"

"生意有了进展，"乞丐答道，"所以我开了一家分公司。"

上述虽然是一个笑话，但是如果你想让手中的钱能够再生出钱来，就要懂得多元化投资，多想几条路子。那么，外币存量怎样规避国际汇率频变风险，又该怎样进行保值、增值呢？我们不妨通过以下三种途径进行多元化投资。

途径01 个人外汇买卖

所谓个人外汇买卖，主要指的是银行接受个人客户委托，为人们办理两种能够自由兑换货币之间的买卖，从而防范汇率风险，以达到个人外汇资产保值增值目的一种业务。理财专家提示，个人外汇买卖业务采取实时交易或委托交易两种形式。所谓实时交易，指的是按银行公布的个人外汇买卖牌价成交；所谓委托交易，指的是客户可选择委托牌价进行挂单。若是在某个时间段银行牌价符合挂单成交条件，就可挂单成交，不然这笔挂单在客户指定的有效时间内或周末交易结束时就会自动失效。

途径02 银行外汇产品

所谓个人外汇结构性理财产品，主要指的是银行将金融衍生工具和传统金融产品相结合组成的具有一定风险特征的个人外汇投资理财产品，主要包括具有远期、期货、掉期(调期、互换)和期权中一种或多种特征的结构化产品。通常情况下，个人外汇结构产品的形式是由银行发行结构性产品决定的，产品说明书中列出投资期限、投资起始金额、预期收益率、产品类型等一些产品基本信息，就等于投资者做一个外汇的定期储蓄，产品到期之后银行就会一次性支付本金和收益，基本上无需投资者亲自操作。这个类型的产品是有一些风险的，因此投资者需要按照自己的风险承受能力去购买适合的产品类型。

途径03 将外币换成人民币

正是因为现在外币资产存款利率、理财产品收益和同档同类人民币品种都看不到明显的优势，而且外币在境内投资品种很有限，如果外币资产占整体资产配置比例较低，并且短时间内没有明确外币用途，那么就不妨适当地考虑结汇，并转入到人民币资产的投资上，同样会有不错的收益。

选择外汇理财，千万不要在一棵树上吊死，要懂得多元化投资。只有这样，才有可能将风险降到最小，使你不至于一“招”不慎，倾家荡产！

5 黄金赚钱需技巧

开心一刻

一个人成天都在做着发财的梦,总是梦想着自己能拥有用不完的黄金。

于是,他问一个富翁:“你能告诉我一个保证找到黄金的地方吗?”

富翁说:“可以。”

“在哪儿?”

“字典里。”

理财选黄金,风险与财富同在

事实上,你能够拥有多少财富,并不在于您每个月、每年能赚多少钱,而在于您会不会理财!若你是理财高手,你就能使钱生钱,生生不息;若你不懂理财,那就只能坐等你消费掉,或者等到贬值。因此,只有学会理财,才能真正坐拥财富,享受生活。

那么,投资什么比较好呢?有理财师指出,因为黄金本身具备避险、增值和保值等特性,所以在眼下通胀预期加剧的情况下,未雨绸缪地选择合适的时机介入黄金投资将是最好的资产保值之择。“投资黄金,就是我们用21世纪挣的钱,去买20年前定价的商品。”这是一位著名黄金投资专家曾经说过的。

众所周知,黄金有着天生是货币的金融属性,不论是世界经济逐渐下滑还是快速发展,黄金所拥有的“永恒价值”始终被投资者视为最佳的避险工具。尤其是每当全球金融危机爆发的时候,投资黄金可以说更是成了全球老百姓最为热衷的家庭避险方式。

被某饮料公司派往中东开拓市场的推销员垂头丧气地回来了。

推销员解释说："我制作海报时非常自信，那里的人不知道我们的饮料，我以为能够轻松占领市场。但我不会讲阿拉伯语，于是用三幅画介绍我们的饮料。第一幅画是一个人在沙漠上爬行，气喘吁吁；第二幅画是那人喝完饮料；第三幅画是那人精神焕发。制作好海报后，我就开始四处张贴。"

他的朋友说："应该很有效果才是。"

推销员说："唉，没想到阿拉伯人看书是从右往左看的！"

在选择黄金投资之后，一定要熟悉和了解其中的规则，否则，就会像这名推销员一样最终一无所获，甚至是血本无归。毫无疑问，与投资股票或基金来比较的话，投资黄金在很多方面的风险可以说要小很多，不过这也并不说明持有黄金是完全没有风险的。有相关理财专家提醒投资者，和其他的投资方式一样，黄金投资同样也是风险和回报并存，不同的买入时间段和不同的黄金品种都有可能导致投资者本金和收益的损失。

投资有风险！因此就算是投资黄金这样相对来说比较稳定的品种，投资者也一定要掌握规则，了解其中的风险，这样方能挣到你渴求的财富。

投资有技巧，让黄金成为你的忠实资产

在今天，贵金属投资已经成为一个大热门。黄金理财可以说是继股票和基金之后新入国内的投资渠道，个人投资黄金尽管在欧美发达国家已经有相当长的历史，但在国内尚属新兴投资方式。投资黄金的优点就在于投资回报大、信息透明、没有黑庄操作、24 小时全天交易、保值增值，并且可以抵御通货膨胀风险。不过，虽然有诸多优点，但要想投资黄金，还是要讲究一定的技巧，才能使黄金真正成为你的忠实资产。

一位房产经纪人为了推销房子，喋喋不休地向客户夸耀这栋楼房和这个居民区。

“这是一片多么美好的地方啊，阳光明媚，空气洁净，鲜花和绿草遍地都是，这儿的居民从来不知道什么是疾病与死亡。”

正在这时，恰巧有一队送葬的人从远处走来，一路上哭声震天，这经纪人马上说：“你们看，这位可怜的人……他是这儿的医生，被活活饿死了。”

要想达到自己赚取更多财富的目的，就一定要讲究技巧，就像上面这位房产经纪人一样。可以说，黄金在投资市场上始终都是有特殊地位的，它是财富、尊贵与梦想的象征，有时候甚至成为财富的底线和标尺。因此，当你掌握了以下技巧，你就能让黄金成为你的忠实资产。

收藏实金

在实际操作中，短线炒金可能需要掌握一些技术性，有一定难度。而对于老百姓来说，静下心来搞黄金制品的收藏，可以说是更具有吸引力的。这样的做法，使财富从虚拟化的符号转变为黄灿灿的“金疙瘩”，此举使人在投资的同时，更加生出一种成就感。并且最重要的一点在于，纸黄金仅仅是一种交易凭证，而到了某些特殊时期，实物黄金就是眼睛可见手可触摸的，可以说是百姓资产的一种固化。

到底选择收藏什么样的黄金制品，可以说是“仁者见仁智者见智”的事情。不过，从现在黄金收藏品的市场上来看，主要可以从以下两个方面入手。第一点是一定要确保其权威性。必须选择中国人民银行、中国金币总公司等权威部门所发行的黄金制品，这一点主要是为了保证黄金制品的成色和品质，也会给将来的兑现提供最好的保证。第二点是可以根据自己的爱好来选择收藏的题材，例如生肖、奥运以及一些比较热门的事件的黄金制品，时至今日，它们的附加值早已经得到了市场的认可。

合理配比

可以说，与其他投资品相比，黄金最基本的特色就是避险和保值，在投资中应该有一个较为合理的配比。相对而言，黄金比较不适合作为家庭理财的重点投资，工薪家庭可根据自己的承受力适当添置些实物黄金资产，占总资产比例大约可以是10%左右。至于选择的方向中，除了采取收藏实金的方式之外，不妨选择一些其他方式，例如中国黄金集团曾在上海推出的“财富金条”，就可以采取“寄存式”的方式来销售这些投资型金条，这不但有短线炒作的性质，而且也可以在需要之时选择直接变现的方式。至于你是否适合买黄金，还得根据市场来决定。不过不管你何时选择购买，黄金可以说都是你投资篮子中忠实的资产。

短炒优于收藏

在近几年，黄金价格连续冲高，尽管和它自身价值也有一定关联，不过更多的是炒作的结果，价格高得有一点偏离价值的趋势。若此时收藏，成本过高，不过短期炒作的话，还是不错的。特别是当经济危机出现的时候，美元在持续贬值，国际大宗商品价格也在上涨，面对这种情况，就比较适合于短炒，并不适合长期收藏。不过，需要注意的是，当黄金价格较高的时候，风险也会相对增高。

硬通货可应急

在以前，家里的长辈们总是喜欢把黄金饰品当做传家宝留给小辈，其中不乏有许多的戒指、耳环、手镯等，老人们总是把黄金当做对孩子孝顺的奖励。此外，家藏黄金的重点还在于，如果家里发生什么大事需要用钱的话，还可以抵押给朋友或者当铺，换回现金救急，等到有钱的时候再取回来。因此，黄金始终是关键时刻应急的硬通货。

而在现代，很多人已经把黄金当做可以炒作的投资品。众所周知，有投资就会有风险，如今黄金的价格随国际金价涨跌，你觉得可以选择低点时买入，等到高位时卖出，以此来获利，并渴盼在国内通货膨胀、货币贬值的时候可以规避风险，可事实却未必能做得到。毕竟纪念金条通常炒作功能不强，当你真正需要用钱的时候也许就换不到理想中的价格了。

实物金投资要考虑的因素很多，价格、发行主体、制作工艺、铸造机构、是否限量发行、是否回购等许多因素都需要投资者去知悉。那么，当你有余钱购买黄金作为长久收藏就不会再烦恼，同时也不用因国际市场上黄金价格的波动而担惊受怕。

老祖宗早就告诉过我们黄金的重要性：书中去淘颜如玉、书中去淘黄金屋。自古以来，黄金就被誉为传统的家庭宝贝，是社会上抢手的硬通货，根本无需去炒作，这样不管未来怎样，收藏黄金饰品作为传家宝都可以说是极佳的选择！

6 黄金投资正当时——金币永远都是金币

开心一刻

有一天，一个外星人到地球参观，看到地球上有两棵山上的野树，一棵种在欧洲，一棵种在中国，都结了野果。外星人很眼馋，对地球人说："我要买你们的野果吃。"

地球人说："好，但要先确定你到哪里去买，到中国去买，1 元人民币 1 个，到欧洲去买，1 欧元 1 个。"

外星人说："那我用 1 欧元买 1 个好了。"

地球人说："且慢！其实你不用花钱就可以，你先从中国借 1 个果子，到欧洲去换 1 欧元，拿 1 欧元到中国去，就可以换 10 个果子，拿 1 个果子还给中国人，你就白得了 9 个果子，你再拿 9 个果子去换 9 欧元，再到中国去换 90 个果子，再拿这 90 个果子再去换 90 欧元，在到中国去换 900 个果子——这样下去中国的好东西都被你买光了！"

外星人说："哪有这样的好事！那中国人为啥不到欧洲去卖个好价格？"

地球人说："中国规定 10 元人民币等于 1 欧元，就是规定了 10 个中国的果子等于欧洲 1 个果子！因为中国认为只要能出口赚外汇，就是胜利，不管损失多少资源，现在很多人在把中国的商品廉价倾销给外国，就是利用了这个差价，他们不求用欧洲的最高价格出手，只求最快，但已经有巨额的利润空间，不管浪费多少中国的商品，只要自己能赚到钱就行，赚到钱立刻再到中国进货，就是这个道理。"

外星人说："怪不得中国的外汇储备世界第一！那中国有了外汇起到了啥作用？"

地球人说:“啥作用也没起到！中国人根本就不敢花！因为中国如果把这个钱花在外国，就起到只能买1个果子的作用，就是说本来手里有10个果子,一交换就变成只有1个果子,再交换一次就变成0.1个果子,再交换一次就变成0.01个果子——那这样以前的交换都白交换了,越交换越穷,另一方面,如果中国把这个钱花在国内,就必须换成人民币,这也不行,因为果子都被外国消灭了,代表果子实物价值的人民币却在中国增加,人民币会越来越多,引起通货膨胀。”

外星人说:“看来中国的外汇只能烂在锅里,自己没法花,只能交给外国人,再来买中国的果子了！”

地球人说:“中国没有一个人懂经济，于是请了欧洲人来给中国人讲课,欧洲人夸赞中国的汇率好,如果升值,农业会倒霉,殊不知农民完全可以只靠劳作和打工就自给自足,于是全中国人都在听这个欧洲人的话。”

外星人说:“怪不得中国人越来越穷,啥东西也买不起,把最好东西全部都出口奉献给外国人,就是为了换外汇呀！只可惜代价太大,10万亿的东西只换来了1万亿的外汇。”

股市“跌跌”不休,黄金投资正当时

在我们生活的这个世界,一切皆有可能。也许你今天还一文不名,但转眼就可能成为亿万富豪。就像在熊市中依然有人赚钱，而牛市中也不可避免有人亏钱一样。这是为何呢？道理很简单,因为牛市形势虽好,但依然存在着风险。因此,股市如战场,而股票投资与行军打仗的道理是一样的,投资者必须辨清潜藏在顺境背后的危险。很多时候,一着不慎便有可能全盘皆输。在现实中,个股行情可谓是瞬息万变,有不少投资者却不明所以,对市场风险置若罔闻,到最后只能是败光手中的积蓄。

在一次聚会上，有人给我介绍了一位新朋友，说是炒股炒成了百万富翁。真是高人呀！佩服佩服！我找机会坐在他身边，悄悄地向他请教炒股秘诀。

谁知，他一脸木然地对我说："其实真的没啥秘诀……我原来是亿万富翁。"

现在，炒股的风险已经令众多人望而却步了。随着股市的"跌跌"不休，怎样才能做到稳健理财，已经成为许多投资者思考的问题。常言道："乱世黄金，盛世古玩。"投资黄金无疑是一个最好的选择，作为一种新兴的投资品种，黄金已经不局限在"乱世"中收藏。近年来，黄金投资及与黄金挂钩的理财产品渐渐成为投资者们关注的热点。只要你掌握了利用黄金投资进行资产保值和增值的方法，就能轻松获利。如果你还是犹豫不决，不妨看一下投资黄金的理由：

1. 收益高。相比其他投资来说，黄金投资的收益率超过20%，每天波动至少十几块，抓住其中几个波段就能轻松赚大钱。如今股市衰弱，通货膨胀致使银行存款贬值，而且房地产也面临严格的宏观调控，投资黄金可以说是一种稳健而快捷的投资方式。

2. 抵御通胀的高招。最近几年，国内除了工资不涨外，其他价格都在大幅度地上涨，对此，也许大家都会深有体会。而随着“钱越来越不值钱”，无形中我们的资产也在缩水。在温和的通货膨胀下，投资者几乎感觉不到黄金投资的“诱惑力”。而当通货膨胀加剧时，货币实际购买力就会降低，但是因为全球黄金几乎没有增加，于是黄金的价格定会随着货币购买力的下降而迅猛上涨，这样一来，投资者投进黄金市场的钱就会得到强有力的“保护”。

如果以长远的眼光来看，把钱投资到黄金上就意味着获得了抵御通货膨胀的保障，原因就是黄金不管在通胀还是通缩的循环中，它的购买力始终保持着稳定。就算是从短期来看，在首饰加工巨大需求和美元价值波动的前提下，黄金也可以摆脱其长期对通货膨胀的稳定价格，并获取短期的良好效益。

3. 风险可控。这对于大多数投资者来说，无疑是最实用的了。因为做投资的目的就在于赚钱，没有一个人会愿意做亏本生意，但是由于投资市场的必然性，也必定会有亏有赢的存在。不过，黄金交易当中引进了一个新型的功能，也就是止赢止损功能。这一功能能够帮助大家在没时间盯盘的情况下最大限度地降低投资风险，从而可以将亏损限制在自己资金能够承受的范围内，与此同时，还能够在自己心目中理想的高位平单，收益是可想而知的。

在股市惨淡的情况下，投资黄金可谓是万无一失、想亏都难！因为金币永远是金币，不会受外在改变而改变！

长期持有黄金，是一个较为安全的投资策略

从古至今，作为这个世界上唯一的非信用货币，黄金一向被视为价值永恒的代表。这一意义最明显的体现就是黄金在通货膨胀时代的投资价值：纸币等有可能会因为通胀而贬值，但是黄金却不会。为何买黄金？从资产配置的角度考虑，由于黄金与多数资产负相关的特性，它可以平衡投资组合的整体风险，从而获取更加稳健的收益。因此，在通胀日益加剧的情况之下，长期持有黄金可以说是一个非常安全的投资策略。

本想抄底，抄在了地板上，却没想到还有地下室；抄到了地下室，没想到下面还有地窖；抄到了地窖，没想到下面还有地壳；抄到了地壳，没想到下面还有地狱；拼死抄到了地狱，结果是死了也没想到：地狱居然还有十八层。

现实中，在预计市场将出现通胀的条件下，黄金投资受到了人们更多的关注。黄金投资最大的优点就在于不管通胀通缩与否，黄金一直是保值增值的有利武器。所以，众多理财专家都建议应该把黄金投资当做家庭理财配置中的重要一环。

但是，由于黄金投资的复杂性，普通大众还是比较适合投资实体黄金，需注意的是，黄金投资在家庭资产中的比例不要过大，最好应控制在15%以内。另外，黄金不可能像股票那样带来现金流，但是长期看只能保值，因此必须要学会按照自身风险承受能力量力而行。

你！就是你！别以为投资黄金就嘛事儿没有了！实话告诉你，黄金投资也样是有风险的！只不过，相对其他风险投资市场而言，它的运行轨迹较为清晰，而且线条和思路也相对好把握。并且，它处于上升通道和下降通道的时间段都很长。所以，对于求财心切的你来说，如果能保证基本判断不出现失误，而且不扎在钱眼里出不来，你还是可以赚到钱的！

要找稳妥高效的理财，就找债券与期货

如果想要让自己高效、稳妥地理财，就需要精心寻找。这时，只需要债券与期货，就能够造就你高效、稳妥的理财方式。

在熊市之下，债券投资全攻略

开心一刻

小李是一个时尚青年，在经过几年辛辛苦苦打拼后，他终于拥有了一辆喜爱的跑车。

新车提回来的那天，小李心里的高兴劲就甭提了，他站在家门口一边吹着口哨一边悉心地将爱车擦了一遍又一遍。正当他得意地向过往的邻居夸赞自己的跑车是多么多么好时，正巧在证券大厅打探股市行情的老爸回来了。他心想，看到我的新车，老爸准会高兴的。于是，便急忙迎上前去说道："老爸，你看我的新车……"还没等小李把话说完，老爸就怒气冲冲地吼道："谁让你买这样的车？"小李不解地问道："这车怎么了，十好几万呢，它哪点不好了？"这下，老爸火气更大的："哼，难怪今天我的几只股票全赔了呢，原来竟是你小子的车惹的祸端啊！"小李争辩道："我买车和你炒股有什么关系呢？这是我用自己的钱买的。"

"还说没关系呢？真是没良心的，你看看你这车上贴的是什么玩意儿啊！"老爸气咻咻地指着车头车尾说道。小李看了一愣，哦，原来是车前和车后各贴了一张他自以为很时髦的标志：注意熊出没。

熊市之下亦不可放弃投资

理财乃是一生的规划，无论是牛市还是熊市，都需要理财，不能因为是熊市就放弃了投资理财的机会。当然，理财最终的目的就是在保值的基础上实

现升值，并不是为了追求利益的最大化，所以，安全性才是理财的重中之重。然而，很多人并不知道应该如何在熊市中理财，甚至有很多理财师也对此束手无策。

某人的理财计策：

偷梁换柱——

债券型基金买了很长时间了，总觉得盈利有些太慢。其实，在股票是牛市的时候，可以更换成股票型基金，牛市买基金，熊市买债券。

声东击西——

自己想买哪个债券，就跟同事谈别的债券的好处，然后，在四处无人的时候，偷偷地跑到卖债券的地方，买下自己心仪的债券。

欲擒故纵——

买债券一定要货比三家，多比较一下管理人和企业的水平，以及其操作经验。在购买的时候一定要先讲风险，把债券说得一无是处，说不定发行人能给你一些优惠。

借刀杀人——

若你在现实生活中与人有过节，就装成好朋友的样子，给他推荐最烂的债券。待他被套牢后，再安慰道：债券有风险，请谨慎抉择。

这些投资方法还真是够新鲜的，但也不失为是一种投资小技巧。市场环境总是变幻莫测的，若能够及时把握住市场的行情以及变化，并对自己的理财方案作出灵活的调整，就能够体现出自己的专业性，即便是在熊市，有了这些专业的知识，也能够稳步地增值。所以，不要因为是熊市就放弃了投资，否则，就等于失去了一次赚钱的大好机遇。

熊市的时候，投资的确会有一些危机，此时最为稳妥的选择便是基金定投与债券投资，还可以通过投资债券型产品或是混合型基金以获取市场的平均收益。

熊市下的债券投资

根据发行主体的不同，我国的债券一般包括：国债、公司债、企业债、金融债等。债券投资可以获取固定的利息收入，也可在市场买卖中赚取差价。随着利率的升降，如果投资者能够适时地买进卖出，就能够获得较大的利益。然而，在熊市之下，债券投资又应该如何运营呢？

且不论会不会有人去救市，且不论是否有这么神奇的玩意儿，此时，我们最该清醒地是，每个人都要靠自己去拯救自己的资产，才能真正获得利益的最大化。

一般而言，在熊市之下进行债券投资要注意很多方面。首先，千万不要碰股性强的可转债，而要耐心地等待110以下甚至是100以下的可转债，若是没有出现就不买。同时，也不要碰可分离债的权证，因为权证相较于股票，有放大杠杆的作用，只有看好高度才可以考虑，看空者更是躲之唯恐不及。在权证上市的时候，最好在涨停打开后的那一天就出掉，而后不予理睬即可。

目前，五年期左右的企业债，其年复利的收益一般都在6%以上。尽管目前的CPI很高，通胀率短期有上涨的趋势，但美国预期减息，人民币预期升值，外汇过多却成了国家的心头大患，即便是加息也是短暂的，长期看来，甚至还会有减息的趋向。所以说，具有高收益的纯债在这个时候也是可以考虑的。

当然，投资纯债券也是有一定操作方法的。比如说企业债收益率越高越好；企业的安全性、信用评级越高越好；盘子越大越好，这样流通性好；若是比同期国债高一个点以上，就可以考虑买入估价；若申购新股的收益预期高，最好是申购新股，反之可考虑纯债。

对投资者而言，若是缺乏专业的债券投资经验，不妨考虑对国债以及债券型基金这两个债券品种进行投资，说不定会有意外的收获。其中，国债包括可选择凭证式或储蓄国债，以及记账式国债。

熊市有风险，投资需谨慎。在进行债券投资之前，咱要把眼睛擦得倍儿亮，多方面、多方位地如同考察儿媳妇一样进行仔细的考虑：比如利率、债券评级、偿债期限、债券的发行条款以及市场的宏观因素，等等。指望着钱生钱呢，这心啊，跟盼孙子的心差不多，所以，慎重点儿的好！

2 提高稳健型投资中的利率有妙招

开心一刻

一家人用过餐后，开始谈减肥的问题。那个丰满的女主人说自己结婚的时候，体重还不到45公斤。

她的丈夫笑嘻嘻的接过话茬儿说："哦，对了，在我的各项投资中，这是唯一有长进的一项。"

稳健型投资者可选择债券、基金等

稳定型投资者在投资时一般会选择无风险或低风险的投资。他们长期看好证券市场未来的发展，往往会采取懒人理财的方式，摒弃市场噪音的干扰，坚定果断地投资，并采取长期持有的态度。一般来说，这类投资者都很强调本期收入的稳定性和规则性，因此，通常会选择信用等级较高的债券和红利高而且安全的股票。所以在选股时，也会把安全性当作首要的参考指标。

在投资的时候，稳定型投资者一般会从四个方面进行选择。第一，要求公司盈利能力较为稳定；第二，股票市盈率较低；第三，红利水平较高；第四，股本较大，一般不会有市场主力光顾。只有符合这几点后，他们才会果断出手。

稳健型投资者分为两类，一类是由投资者本身的性格决定的。这种性格的人做事谨慎，不愿意冒太大的风险，在投资时也非常谨慎。他们不要求回报率有多大，但要稳定，不希望激进的投资会给自己的生活带来太大的波动。另外一类是由于承担了较多的家庭责任而不能放开手脚。所以在投资时，他们会比较稳妥慎重，不会为了高利润而去承担太大的风险。这两方面的原因决定了这类投资者稳健型风格。

亲爱的夫人：

在过去的一年中，我在您的直接领导下，在岳父岳母的英明指导下，在大小姨子的集体关怀下，遵照您的指示，按照您的部署，兢兢业业、恪尽职守，摸爬滚打、积极进取，各项家庭工作均取得显著成效。据统计，至去年底，咱家的银行存款、股票市值、固定资产三项指标分别比前年增长了18%、19%、20%，超额完成了去年年初制定的“三项指标增幅要达到12%”的任务，同时咱家还被本胡同评为“五好家庭”，我被本楼道评为“最称职老公”，您则光荣当选“最幸福太太”，实现了物质文明、精神文明的双丰收。

这则笑话就向我们讲述了一个稳健型投资人的故事。因为家庭的原因，他必须想到各个方面，否则就有可能加重家庭的负担。其实稳健投资者想要兼顾本期收入的最大化，不妨选择将股票、基金和债券融合在一起组成投资组合。另外，证券投资基金作为一种由专家管理的金融工具，也不失为一种较好的投资对象。但是，就算我们选择债券基金作为投资对象，也很有必要对他们有一些初步的了解，不能盲目投资，以防手头资金流失。

稍微懂点基金债券的朋友就应该知道，投资主要是以国债、金融债等固定收益类金融工具为对象的。因为这一类产品具有低风险和收益稳定的特征。目前，国内常见的债券基金分为纯债基金、偏债基金(一级债基)和强债基金(二级债基)三种。简单来说，因为纯债基金不参与股票投资，只投资固定收益类金融工具，因此它的风险和收益也比较低，而偏债基金，由于受多种条件的制约，它的收益仍然偏低。与前两种基金相比，无论从风险来讲，还是从收益来说，强债基金都是比较适度的，所以，它更加适合稳健型投资者。

稳健投资者的风险规避

我们知道要想在股市、基金、期货等获取高收益，投资者就必须具备较强的风险意识和心理承受压力。作为一般投资者，通常都会选择买证券投资基金，这种投资虽然不能保证年年赚大钱，但起码不会出现大的亏损，而这在高风险的股市中已经是很不容易的了。不过，要记住一点，在投资的时候一定要根据自己的风险承受能力构建一个投资组合，合理配置资产。不过，若想在投资中赚取更多的钱，应如何来规避突如其来的风险呢？

话说，有一对夫妻，妻子花钱大手大脚，丈夫则节俭谨慎，每一分钱他都要花得有意义。

在两人决定投资的时候，丈夫第一次豪迈地对妻子说："你负责投资吧，亏了也没关系，我相信你。"妻子那个感动啊，可是老公又来一句："丑话说到前头，要投你就长期投，半途而废的话就换我来掌权！"本来感动得要命的妻子一下子没了脾气。不过妻子还比较尽职，对数字不敏感的她干脆放弃根据基金历史净值投资的普遍做法。从三年的基金公司排名中，她选择成绩不错的基金公司，然后每个公司选1~2个基金品种来买，再选择后端收费，打算至少持有5年。

最终，妻子保持这样的比例：股票和指数型占50%，混合型占30%，债券保本型占10%，货币型占10%。短期投资主要集中在指数和分红型基金。而对于这种无法驾驭的东西，妻子秉持顺其自然的态度，交给老天来安排吧。在横面插好秧之后，妻子还往纵深方面挖土，每个月都进行500元的基金定额定投，不仅挖好的坑继续种，每年还会挖1~2个新坑，找些顺眼的新基金撒点银子。妻子很是奇怪，于是问丈夫为什么这样信任他，就不怕自己把钱抛光？谁知丈夫来了这么一句话："因为投资而把钱亏光了也比你买些破烂把钱败光的好，我认了！"

好一句“我认了”，投资赔了没关系，但是把钱败光就坚决不同意了。可见，丈夫宁愿把钱投资也不愿被妻子败光的坚定心理。

影响稳健型投资者投资的因素之一是风险承受能力以及风险偏好。因此，只有正确地了解自己的投资属性及风险承担能力，才能知道什么样的基金最适合自己。另外，构建恰当的基金投资组合可以分散风险、提高收益。在市场风险较大时，可以配一些偏债基金或是债券基金；在市场风险小时，可配一些股票基金或偏股基金（最好可转换）。无论市场如何变化，只要能看清市场、看淡市场，冷静地面对眼前的一切问题，就有可能收益更多。

在变幻莫测的投资市场中，总会有方方面面的风险围绕在我们身边，但是，如何才能拨开重重迷雾，收获多多惊喜，还需要我们以一颗平常的心态来面对一切，不要因为一时的输赢就或喜或悲，更不要因为一时的投资失误就垂头丧气。相反，我们应该从中汲取更多的经验和教训，在对投资市场有个全面、清醒的认识和把握之后，不妨再做出一番选择。这样才能真正地帮助我们规避更多的投资风险，才能真正地从投资中收获颇多的利益！

3 未雨绸缪，防范期货投资的风险

开心一刻

有一对美国夫妇，多年来一直没有孩子，于是他们决定领养一个孩子。可是他们去了好多家孤儿院都没有合适的。等啊等，终于有一天，一家孤儿院通知了他们。

孤儿院告诉他们说："我们现在有一个婴儿可以让你们收养，他是一个俄国孤儿。"夫妻俩非常高兴，就把婴儿抱了回去。

在回家的路上，他们一起幻想着将来孩子会怎么怎么样，突然他们好像想到了什么，于是他们来到了一所大学，想要报名学俄语，学校里的一名老师惊讶地问道："你们为什么要学俄语呢？我们的美语不就是一门很好的语言吗？"

美国夫妻激动地回答道："这你就不懂了，我们领养的是一个俄国的婴儿，待他开口讲俄语的时候，到时我们就听不懂了，这叫'有备无患'嘛！"

有备无患，自得其乐

期货市场是具有"赌博"性质的一种投资，众所周知，只要是赌博，就会有一定的风险性，期货当然也是如此。每个进入期货市场的人，都希望自己可以在这里捞上一笔，但这个市场上却有着和大自然一样的变化规律，那就是适者生存，劣者淘汰。有人说，期货实际上就是一个与人性较量的大舞台，他让你的弱点暴露在光天化日之下。可以说，这是精辟总结。的确，选择期货就是我们不断完善自我，不断挑战自我的过程，它需要你的耐心、恒心、平常心以及无穷的智慧，只有不断地超越自己，胜利的曙光才会在你的身上停留。

在期货中盈利，可以说是每个投资者都非常梦想的事情，不过，这还需要我们做出以下几方面的准备。俗话说："有备无患"，只有做好了充分的准备，才可能在变化多端的过程中得以生存。

第一，具备行情分析与研判能力。这种能力可以使你有效把握交易品种的长、中、短期的走势。

第二，理性地进行操作。这可以保证金钱的合理分配、使用方法、以及严格的风险控制措施。

第三，交易手法的规律性要强。这样可以对各种不同行情的出市、入市进行选择，对交易中可能出现的问题灵活处理，以及灵活运用各种操作技巧。

第四，心理素质以及把握个人的性格特点。要时刻以冷静的头脑和理性的思维方法去面对市场，要有较强的"定力"。

第五，对市场规律及经验的及时总结与反思的能力。

新来的年轻职员被老板叫去。

老板说："我注意到你工作勤奋，而且在每一件小事上都很认真。"

年轻人面露喜色，正期待老板的嘉奖。

老板说："所以，我不得不解雇你。"

年轻人："这是为何，您刚才不是还说我认真吗？这也实在太不公正了吧。"

老板笑着说："我这里从前有过几个和你一样的年轻人，而且都成了行家。但是，他们成为行家后，自己跑出去单干了，现在在拼命地挤垮我们。"

这个故事里，老板未雨绸缪确实没错，但因为怕别人排挤自己，竟然不要优秀员工，实在令人匪夷所思。不过，如果他的这种"未雨绸缪"能够恰当运用到期货投资上，相信一定会是一个不错的举措，也一定会有众多惊喜可收获。

有备无患，才能更好地顺应事情的发展，才能更顺利地抵达理想的殿堂。

尤其是对于期货等投资来说，做到未雨绸缪，无疑就是向成功迈进了一大步，就是向财富伸出了一张大手。因此，做期货时一定要事先为自己做好充分的准备，这样才能更有效地防范在交易中突发的各种风险，才能将更多的资产据为己有！

期货最容易出现的风险

要想在期货市场获得利润，第一要务就是要控制投资风险。用严格有效的方法控制交易风险是获利的前提与基础，这是期货交易中必须遵守的重要规则。那么，如何才能有效地控制交易风险呢？还需要我们具有一定的风险意识。要知道，在期货交易中，风险是客观存在的，这对于每一个参与者的每一笔交易都一样。那究竟期货交易中最容易出现的风险有哪些呢？

第一，政策性风险。在期货运行的过程中，经常会出现一些问题，而且这些问题中的大部分并不是目前期货市场单靠自身就能调节解决的，它们只能依靠管理部门的政策措施来解决。而这些政策与措施必然影响到品种价格的走势，可能会给投资者带来影响。所以在操作过程中，如果发现期货市场与商品的价值严重不一的话，就要小心入市了，切不要盲目地去追涨杀跌。

第二，预测性风险。预测是在进入市场时最初的准备，而这里的风险完全是因为判断失误所造成的。要想规避预测性风险，就要注意这几个问题。首先，做单一定要有依据，不能有主观性的成分。其次，不要逆势做单，在价、量、持仓配合较好的市况中，顺势而为；当预测失误时，要及时通过操作手段改错，例如止损、反向追单或离场观望等。只有这样，你才能将预测性风险降到最低。

第三，操作性风险。顾名思义，就是在操作过程中最容易碰到的风险。在操作过程中制定合理的交易策略时，要注意几个问题：

1. 期货价格是由买卖双方力量为决定因素的。它与股票不一样，期货交易首先要解决的问题是做多还是做空，其次是何时平仓。因此，做期货要考虑的因素多于股票。

2. 期货交易受保证金制约。

3. 期货价格不等于现货价格，期货价格的运行最终取决于市场上多空双方的力量。

如果对以上的风险认识不够的话，交易者就会很容易在操作上出现错误，比如保证金使用不合理，盲目打满仓，抗浮亏，主观臆测期价顶、底等。这些错误本身是可以避免的，但是一旦犯错，就会引起很大的风险。

有位男子驾车带着女友去兜风，为了能在女友面前表现一番，让她看看自己的勇敢精神与娴熟的驾车技术，他将车速加大到每小时六十公里。可是，一不小心，他们的汽车就撞到转角处的一棵大树上，车身被撞得四分五裂，还好两个人都没有受伤。男子赶紧搂住女友，安慰她不要害怕。而女友异常亲热地倒在他的怀里，以诚挚而惋惜的语气说："你何必冒此风险呢？其实，只要你假装汽油用完，车开不动了，我也会让你吻我的。"

故事里的男主人公明知这样做会有很多风险，但为了在女友面前表现自己，还是义无反顾地选择去冒险，可是，这样做又有什么意义呢？只不过会带来更多的麻烦而已。

做期货虽然会有很多风险存在，但我们并不一定要迎"风险"而上，迎"困难"而对。尤为重要的是，要敢于去分析风险具有的类型和它最易出现在何方，有什么解决措施，等等。只有在风险到来时，做好方方面面的准备，才不会在风险中丢掉"性命"，才不会被风险所吞噬。因此，若想在期货中盈利，不妨先对期货中潜在的风险做一番明确的认识吧！

4 期货交易，先计后战，两手准备

开心一刻

小宝来到女友家，准备向女友的父亲提亲。

女友告诫他说："我爸在客厅里坐着。如果他说了个'不'字，那就请你行行好，再帮我问他一下，如果我跟小明结婚行不？"

运筹帷幄，先计后战

很多在交易中失败的人，他们一般都有一个共同之处：那就是进行毫无章法的交易，从来不去制定计划，而是盲目冲动的决策。这类人一般都是没有自己的原则，不能按照计划进行操作的他们最为擅长的就是临时决策，临场发挥。在这里要给这类朋友提个醒，你们的金钱之所以流失得快，与你的这种习惯有着密不可分的关系。当然，人之所以有卓越与平庸之别关键也在于如此。

交易计划的特点就是其预见性和程序性，或许很多朋友会说，盘中是瞬息变化的，要事先做个计划谈何容易？话是没错，但你必须严格在即时赢利模式的规范和纪律下进出，盘中规范的赢利模式其实就是计划的变异。在中短线的做盘中，只有制定详细的计划，才能在交易决策的过程中，避免情绪化，避免操作的随意性，才能在预设纪律的条件下控制风险！这一习惯的养成，可以说，是成功可以水到渠成的最有效方法！所以，计划必须有，没有计划，收获的就只有金钱流失。

有三个朋友，这一天他们凑到了一块，一起大谈所买的期货或股票。

王南第一个开口了：去年他的一个朋友在酒后买了一支重仓股票，是瞎买的，当时成本在8块左右，今年上半年已经21块了。他本想卖掉的，可是他生了一场大病，就那样在床上睡了几个月。前几天才出院，一看，已经39块了。他的那个朋友发出了感慨，你猜是什么？“好想再生一场病哦。”

小李说：上星期，有一个媒体给他推荐了一支股票，当他买的时候，打错了代码，由于手太快了，一下子就成交了。没办法了，只好将错就错了。可结果一看，媒体推荐股票长了2%，自己买的涨停了。“唉！我好想再错一次。”

孙东说：以前有个同事买什么跌什么，卖什么涨什么，于是我们就围绕这个朋友来逆向操作，没想到还真灵。只可惜这个同事不久前被调到了外地，怎么联系也联系不上。“唉，要是再有一次就好了。”

没有计划的交易是盲目的，这是期货交易中最为忌讳的。就像这则笑话一样，几个人都在没有计划地购买，都在无端地碰运气，虽然一时之间他们不但没有失去什么，反而还取得了可观的盈利，但这却是暂时的，因为机会不会永远青睐一个没有准备的人。

孙子曰："胜兵先胜而后求战；夫未战而庙算胜者，得算多也；多算胜，少算不胜，而况于无算乎。"这句话就是告诉我们：作战前的计划是多么的重要。其实，交易与作战有着共通之处，只有制定完善的交易计划，才能顺利走向交易的成功。所以，在进行每一笔交易前，我们都应事先做好计划，精心思考，绝不能凭借一时冲动，就随随便便地展开交易大战，要知道，这样做的冒险系数是非常高的！

交易计划的制定

无论做什么事情，没有一定的计划而盲目行动终究会走向失败的深渊。尤

其是纷繁复杂的期货市场，更需要我们制定一份完善的交易计划，否则，我们将会遭遇众多“风险”的光顾和青睐。

一次，期末考试后，一个学生给父母拍了一份电报，上面写着：亲爱的妈妈，我所有的功课都不及格，被学校开除了，请让爸爸做好准备计划。

两天以后，他收到了一回电：你的爸爸已经做好了一切准备计划，你自己也做好准备吧！

这个学生是聪明的，他知道提醒爸爸做好准备计划；但同时他又是愚笨的，因为他并不知道自己怎样制定计划。显然，如果在考试前期，他能为自己制定一份完美的复习计划，又岂会沦落到如此悲惨的地步。所以，踏入期货市场的朋友，千万不要像这位学生一样，没有一点计划就贸然行事，否则，后果将会是不堪设想的。

那么，在现实生活中，如何为自己制定一份计划，才不会陷入“失败”的泥潭呢？它还需要我们从以下五个方面做起：

第一，针对机会品种的胜算分析，就是全面分析当前期货品种的行情类别，看它是趋势状态还是盘整状态，它的长、中、短期的趋势会是怎样，它们的趋势阶段又是怎样的，然后选出机会品种进行观察。机会品种最好的发展阶段应是中期趋势的发展阶段，决不能冲动操作趋势末端，不能把风险之刀架在颈项。

第二，在交易条件成熟下的介入计划。计划是以交易策略和方法为基础的，入场交易的条件即交易讯号，它必须是基于牢固的、合乎逻辑的理论基础，而你的赢利模式，必须清晰和唯一，不能模棱两可。另外，你的赢利模式必须符合自己的个性，交易计划的制定应该是在你成熟的赢利模式之下进行的，也就是说交易计划的制定必须符合你的个性，必须符合你的赢利模式，不能乱定交易计划，更不能随时起意。所以一定要做好交易时的计划，在最适合时候再选择介入。

第三，对现行走势的变化预测及应对策略。俗话说：“凡事预则立，不预则废。”交易过程中情况千变万化，谁都不能确定它的发展方向。所以，一定要根据行情的发展和外盘相关的走势来对其进行预测。这样，才能更好地把握它的发展方向。

第四，出局时的策略和计划。没有谁是常胜的将军，也没有谁是不胜的小卒，因此，在交易过程中，在是否入出的时候，都要做出周密的计划，这样，才不至于败得过惨。

第五，在交易计划制定完成后，还要注意保证计划执行。在操作交易计划的过程中，可以根据变化形式不断地发展完善。但一旦制定，就必须保证其被完美地执行！这个环节是尤为关键的一环。而在我们的周围，却有不少交易者明明知道交易计划具有很大的作用，自己也制定了很好的交易计划，但都不能有效地去履行，显然，这样做是无法赢利的。总之，计划要定，更要执行，只有两者都做得完美了，我们才有可能赢取更多的利润！

搞投资与找对象的道理是一样的。成功永远只会对那些有充分的计划、该出手时就出手的英雄好汉们抛媚眼。别以为自己是诸葛亮在世，拿着一辈子的辛苦钱去冒险，你得明白：诸葛亮借草船之前，也是先看了看天的！

5 冷静自信，乐在其中

开心一刻

有一位非常自信的旅行者来到了一条乡间大道，忽然看见路边有一个路牌上写着“马路封闭，莫再前进”。旅行者看着前面并没有什么障碍，根据多年的经验，他于是照样前行。不久之后，他走到了一座断桥边，这下他只好回头了。当他回到刚才放置路牌的地方时，见路牌背面写着：“欢迎你回来，傻瓜！”

冷静自信，是做大事者必备的

《菜根谭》中有这么一句话：“竹影扫阶尘不动，月轮穿沼水无痕，水流任急境常静，花落虽频意自闲，人常持此意，以应事接事，心身是何等自在。”意思是如果能在外界的刺激下，不生贪念，没有分别心，没有私利心，能够冷静自信，清楚地站在超然的立场待人处事，自然可以自在地知所进退。追求一个内在的平静世界，才能在投资领域中游刃有余。冷静自信是做大事者必备的素质，换句话说，在投资领域，冷静自信是必不可少的。

市场交易中，首先要对你所投资的对象进行分析，而分析是否准确，与交易人的情绪有着很大的关系。情绪的震荡无时无刻不在考验着每一个交易者。不过，看得准未必就能赢利，毕竟只有开仓才有可能发生盈亏。另外，只要持仓的我们受到主观情绪的影响，各种有利的、不利的情绪就会缠上每一位交易者。当然，即便在事先做了详尽的分析计划，仍然难以避免不利情绪在持仓过程中对我们的干扰。

市场走势在某种意义上来说是随机行走的，尤其是短期走势。看不准就更谈不上保障赢利的持续性，毕竟幸运之神不可能一直眷顾着你。如果你再没有好的止损措施，那么，稍微判断错误，就可能会对你的投资造成灭顶之灾。

话说，张先生为在炒股中赢利，连易经八卦都用上了。这天，他们一家三口坐在沙发上看电视。正看到精彩的时候，张先生突然把大腿一拍，惊喜地叫道："好兆头，好兆头！明天股市肯定要涨。"说着便喜滋滋地走进厨房，给自己泡了一杯好茶。当他端着茶杯回到客厅，只见妻子将三岁的儿子抱在怀里亲热，便大惊失色地叫了起来："完了，完了！明天股市非跌不可。"

"你一会说涨，一会说跌的，在发什么神经啊？"张太太娇嗔地骂道。

王先生很是失望地解释说："刚开始的时候我们三个是并排坐在沙发上的，你在我和儿子中间。这种K线组合是典型的两阳夹一阴，预示明日大盘必涨无疑。谁知我刚到厨房，你就把儿子抱在了怀里，这不是明显的长阴包阳的组合吗？明天的股市怎么可能不跌呢？"

"我看你真是神经到家了。"张太太直翻白眼。

这虽是一则笑话，但主人公的情绪已经有了明显的变化。要知道，情绪是主宰你投资的关键。因此，在投资之前，一定要做好充分的心理准备，好的坏的都要欣然接受。只有做好充分的思想准备后，你才能前进得更远。

如果不幸你投资失误，赔了不少，这时你就更需要冷静了，不要因为损失使自己陷入到一种不可自拔的状态。这时唯一的办法就是：冷静客观地再进行分析，以挽回自己的损失。

贪婪、恐惧投资者最大的弱点

在交易过程中，分析是投资的前序，然而真正主宰你投资的则是你的情绪。现实中，许多事后令人后悔莫及的交易往往发生在极短的时间内，相信不少交易者都有过手刚离开键盘便意识到自己错了的感觉。那是因为交易者在

采取行动的当时并未意识到自己可能正被不利的情绪支配着，只有在交易结束的一刹那才忽然醒悟：原来自己的决定只不过是为了摆脱心理上快要承受不住的压力而已。

在熊市初期快速下跌的过程中，交易者很容易就被非理性的恐惧占满，迫使交易者不断加入杀跌的行列。只要市场止跌，原本的那种空头气氛就会马上消失，为了重拾破碎的自尊，人们就会很轻易地忘记先前的状况。然而，会出现这样的情况，完全是因为我们的情绪是具有隐蔽性的。而所谓的深度套牢就是交易者情绪模式反复折磨的结果。

而在牛市末期的时候，人们的贪婪情绪又会肆无忌惮地弥漫在市场当中。按理说，在牛市里贪心，这也是一种正常的行为，但贪婪的隐蔽性会比恐惧的更强。这便是为什么一直告诫大家要控制贪欲的原因。所以，要想提高成功率，就要学会控制自己的情绪。要知道，只有冷静，才能对所面对的局势做出正确的判断；只有自信，才能克服人性中的贪婪和恐惧的弱点，才能在乐观中保持一分谨慎，在悲观中保持一分清醒。当然，乐在其中也是我们应有的态度，享受交易的过程及乐趣，如果你对交易的感觉只有痛苦或是煎熬的话，那无论输赢，它都会失去交易的意义。

一日，两个妙龄少女在沙滩上玩耍，走着走着，她们突然发现了一只茶壶。

甲一时好奇，便捡起茶壶搓了搓……忽然，一只精灵从茶壶中飘了出来。（就像阿拉丁的那一只啦！）

此时，精灵开口道："主人，如果你们把我从这里救出来，我将会给你们每人一个愿望。"

在精灵刚刚说完之际，乙便起了贪婪之心，于是，她抢着说道："我要甲愿望的两倍！"

精灵说："没关系的。"

可是甲会许下什么愿望呢？

正当乙满怀期待时，甲开口说道："我希望我的身材是'38、24、38'。"

其实，这则故事就鲜明地揭示了人无时无刻不是具有贪性的，正如乙一样，只想着怎样比甲得到的多。可是，她却忘了别人的愿望有时并非适合自己，而比别人多的部分也并非一定就是一种“胜利”。这或许就是上帝对人的贪婪所做出的一种惩罚吧！

在金钱面前，贪婪、恐惧以及赌性，在人性中无不发挥得淋漓尽致，尤其是涉入投资市场中的一族，更是为了追求到更多的利益，而不惜一切代价去拼搏。虽然有时候贪婪会表现出你的上进心，但如果不能做到适可而止，势必会造成更大祸端。最终，不但不能“贪”有所成，反而还会毁于一旦。

在投资市场中，期货和股票是截然不同的，期货的交易颇富有激情，每一分钟都存在着机会和挑战。从人本主义的角度来说，作为交易主体的人，不可避免地要把自己的人性特征体现在期货投资之中。所以，无论在何时都应保持乐观的心态，保持戒贪、戒惧之理念，不要被外界的因素所影响，这是期货人员获得成功的关键因素之一。

每个投资者都应该明白，在期货领域，市场不会随着人们的主观意识而改变，也不会随着人们的意愿而行走。因此，只有勇于承认自己在操作中的错误才是迈向成功的一大因素。总之，在做期货交易中，良好的心态才是最关键的。

6 期货是合法的赌博

开心一刻

在国庆假期，一个美女约了朋友一起吃饭。美女正在等电梯的时候，他的客人来电谈期货佣金的问题，告诉美女一切准备妥当了。

美女说："啊，是吗？户口昨天就开好了，资金已经到账了，这么快，今天就做了10张啊？真是不错，如果一个月份做200张大期我就给你优惠。"

电梯门开了，进去继续煲电话。

"好的，不过夜60，过夜100，你做得多的话还可再优惠点。哦，我记起来了，你一直都是不过夜的，那就60吧，的确，过夜的风险挺大的。"美女只顾自己在讲，根本忘了是在电梯里，当她抬头的时候，看见电梯里的人都在望着她。而且气氛非常怪异，美女下意识的看了看自己，自己穿了一件露背吊带紧身衣，下面穿了一条运动小短裤。

期货具有赌博性

以前曾明人说过："世界上最好的生意就是赌博"，但目前赌博是一种违法的行为。因为我们现在生活于一个法治的社会，所以我们要知法、懂法、守法。而我们现在所做的期货，其实也是具有赌博性质的，它赌的是你的运气，赌的是你的眼光。不过，它是一种合法的赌博。因为期货的实质就是做投机生意，看涨做多，涨了你就赢！看跌做空，跌了你也会赢！期货交易只需交纳12%的履约保证金，就能操纵数倍乃至数十倍的货物的合约交易，从而达到以小投资做大生意的效果。一个成功的投资者，往往能把一笔钱"变"成做现货生意很难赚到的几倍的钱！

期货投资的灵活性很强，无论你是处在牛市之中，还是身在熊市里，都是可以赚到很多钱的。牛市时，期货的投资过程是一股票一要；而在熊市的时候，可以先在期市上相应高位“开仓卖出”，当价格下跌后，在低位“买进平仓”实现盈利 T+0 交易。期货实行 T+0 交易，随时可以买进卖出，有利于减低风险，增加盈利的机会。而国内股票市场是采用 T+1 交易，今天买进要明天才可以卖，控制风险的难度比较大。所以说，期货市场就是一个极其高效的赌博市场，多空不断地进场、出场，甚至转换角色。虽然期货比较稳定，但只要是赌博就不可能完胜，所以，还应选择正确的时机才可。

某个人在期货公司开了户，刚好这时绿豆大涨，连续涨停板，而且成交很少，根本买不到。其公司每天只有一两笔买单可以成交。但客户太多了，根本就没法分配，于是公司经理便想到一个办法，那就是排队，先到者先得。而这个人为了能买到绿豆，连着几日，都在天微亮的时就去排队，他的邻居看到他这么勤奋，就问：“这么早？干啥去呢？”某人笑着回答：“排队，买绿豆。”

终天有一天，在快开市的时候，绿豆的涨停板打开了，所有买单也完全成交了。公司客户均大喜过望，放鞭炮的，请客的，闹得不亦乐乎。可谁知，第二天一开盘，绿豆就封死跌停了，所有的人都傻眼了。期货公司怕出风险事故，就大嚷嚷：“快平仓，快平仓”！可跌停板无成交，谁能平得掉？于是又开始排队了，不过这次不是买，而是为卖。于是这人每天早早的起来赶往公司排队砍仓。邻居又见他这样，很是好奇，问：“又干啥呢，这么早？”某人答：“排队，卖绿豆。”

其实，期货具有的赌博性是很强的，虽然它在牛市或熊市中都能挣到一笔，但是还需要我们看得准才行。另外，做期货的时候，首先还要问问自己：“最多能容忍自己亏多少，并且亏到这个数时，就要想要不要离开这个市场，然后不再赌了”，当然，这也意味着你亏掉的钱不会再赚回来了。

事实就是如此，无论哪种性质的赌，都是很有可能赌输的，期货也不例外！

赌博与期货的区别

在很多人的眼里，期货投资就是完全的赌博行为，认为期货把赌博正名化、合法化。其实这是不正确的，是一种误解，是人们没有客观地理解期货操作，没有通过现象看到本质而造成的。

期货和赌博是有一定区别的，首先，期货和赌博都是以货币取得货币的中介，但是赌博更多的是凭借运气，而期货却有实实在在的基础面和技术面的分析可寻。其次，赌博是一注定乾坤，在你决定下注的同时，输赢就已经定了，不可逆转了。而期货投资获利与否则是随着持仓时间和价格变化而发生变动。在进行期货操作时，发现行情与已有的持仓背道而驰，可以理性地砍仓，然后反手开仓。也就是说期货还有转圜的余地，不像赌博那样一招定输赢。

当然在期货投资中也有不少带着赌博心态来进行操作的，这样的人大部分都是盲目地盯着价格行情从表面来进行判断和分析的，甚至有的人还会为了他人的一句传言而放手一搏，所以很难实现挣钱的目的。要知道，期货投资是要有一定的方法和原则，计划你的交易，才能达到交易的目的。此外，不仅要对行情有一定的判断力，不要和趋势作对，还要关注宏微观面的政策、经济面的最新进展以及国际时政。如果仅仅是怀着一颗赌博的心态去进行期货操作，那么就扭曲了期货交易的本质。总之，倘若你愿意去正视期货行业，就会知道期货与赌博是有区别的，它是一个需要用智慧和勇气去从事的行业，是一个没有硝烟的金融战场。

有个赌徒从家拿了100元去赌博，几个小时后，他回到了家里。他的妻子急忙询问："那张大票子'生孩子'了没有？"

"生了，生了"，说着赌徒从口袋里掏出了两张10元的钞票，然后哭丧着脸接着说："不幸的是，它们的'母亲'去世了。"

从表面上来看，期货和赌博的过程以及最终结果，都是极为相似的。在过程中也都是押大小(多空),结果不是赚就是亏。但任何事都不能单从表面上来决定,要透过现象看本质,它不仅需要雪亮的眼睛,更需要精明的大脑。

期货不是赌博，但是咱们这些投资于期货的人们却需要赌徒般的智慧和勇气：要勇于承担、敢于投资、眼观六路、耳听八方。谁也不敢保证投资于期货咱们就能挣大钱，但是如果咱们遇上那种只是通过表面现象和结果就简单地认为它是赌博行业的无知人士，那我们也只能对对方抱以鄙视的态度了：懂不懂什么叫期货？回家查查字典您老再来吧！

图书在版编目(CIP)数据

笑死你的理财学/王宇编著. —杭州：浙江大学出版社，2012.2

ISBN 978-7-308-09506-8

Ⅰ.①笑… Ⅱ.①王… Ⅲ.①私人投资—通俗读物 Ⅳ.①F830.59-49

中国版本图书馆 CIP 数据核字(2011)第 279329 号

笑死你的理财学

王　宇　编著

责任编辑　王　萍
文字编辑　杨利军
封面设计　偏偏书衣
版式设计　易　兰
出版发行　浙江大学出版社
（杭州市天目山路 148 号　邮政编码 310007）
（网址：http://www.zjupress.com）
排　　版　杭州大漠照排印刷有限公司
印　　刷　浙江印刷集团有限公司
开　　本　710mm×1000mm　1/16
印　　张　13
字　　数　199 千
版 印 次　2012 年 2 月第 1 版　2012 年 2 月第 1 次印刷
书　　号　ISBN 978-7-308-09506-8
定　　价　30.00 元